Jean Michel Moreau d.J. *Le Souper fin*

*E*ine Auster
im Mieder
von
Donna Emilia

~C D~

*Casanovas
sinnlichste Rezepte*

~C D~

*Lustvoll zusammengetragen
von Eva Eckstein*

Rütten & Loening

Berlin

Mit 20 Reproduktionen
nach historischen Abbildungen

ISBN 3-352-00691-1

1. Auflage 1998
© Rütten & Loening, Berlin GmbH 1998
Einbandgestaltung Ute Henkel/Torsten Lemme
unter Verwendung des Gemäldes »Der heimliche Kuß«
von Jean-Honoré Fragonard, um 1788, AKG Berlin
Typographie Peter Friederici
Reproduktion Galrev, Berlin
Druck und Binden Kösel GmbH, Kempten
Printed in Germany

Inhalt

Notiz über den Liebesgenuß:

Das weibliche Geschlecht dient dem Manne, wie ihm das Essen notwendig ist, um ihn zu ernähren. Obgleich er sich an einer einzelnen Speise sättigen könnte, wünscht er hundert in verschiedenen Formen. Die Sättigung ist dieselbe, aber er bemerkt das erst hinterher. Beim Verspeisen von verschiedenen Ragouts empfindet er jedesmal ein anderes Vergnügen. Dasselbe ist der Fall beim Genuß der Liebe. Jede Frau ist ein von allen anderen verschiedenes Ragout. Der Erfolg ist derselbe, aber man sieht das erst hinterher. Man nennt das Unbeständigkeit. Das mag sein, aber sie gleicht der Naschhaftigkeit. Man irrt sich oft in der einen wie in der anderen, aber man irrt sich nicht in dem Genuß, den man sich verschafft. Denn er ist immer tatsächlich verschieden.

Vorwort

Die Geschichte hat immer wieder Personen hervorgebracht, deren Namen gleichsam zur Bezeichnung für einen ganzen Menschentypus dienen sollte – man denke an Krösus, Lukullus oder de Sade. Das gleiche gilt für Casanova: Sein Name ist uns zum Sinnbild des galanten Verführers und Libertins, des Genußmenschen schlechthin geworden. Eine Schilderung dieses lustvollen Lebens hat uns Casanova in seinen Memoiren gegeben.

Doch die *Geschichte meines Lebens* zeigt, daß, wo immer auf dem *Schlachtfeld der Liebe* er auf Eroberung aus war, auch die kulinarischen Freuden eine wichtige Rolle spielten. Wo man auch aufschlägt: es wird nicht nur geliebt, sondern auch getafelt. Und wie Casanovas *Notiz über den Liebesgenuß* deutlich macht, war die Befriedigung unmittelbarer Bedürfnisse ihm dabei nicht genug – nicht bei Tisch und nicht in der Liebe. Ist doch allein der Mensch, im Gegensatz zur *animalischen Natur*, zu wahrem Genuß fähig:

Er ist Feinschmecker und befriedigt seinen Appetit nur auf eine Weise, die seiner Natur entspricht. Er ist verliebt, aber er genießt des geliebten Wesens nur, wenn er sicher ist, daß es seinen Genuß teilt.

9

Die Epoche Casanovas ist das Rokoko, seine Lebensdaten – 1725 bis 1798 – umspannen das Zeitalter. Nun verbindet man mit dem Rokoko vor allem Leichtlebigkeit und flüchtige Liebschaften, nicht intensive Gefühle. Und man hat es beschrieben als Epoche, in der dem Liebesgenuß kaum größere Bedeutung – im Falle Casanovas wird man wohl sagen müssen: eine ebenso große Bedeutung – zukam als dem Essen und Trinken.

Casanova selbst hat sich immer wieder als Feinschmekker bezeichnet. Die Kultivierung des Sinnengenusses war ihm wichtig, und darin war er ein typischer Vertreter des Rokoko. Verfeinerter Geschmack kennzeichnet die höfische Kultur Frankreichs, die im 18. Jahrhundert Vorbild für das übrige Europa wurde. Die *feine Küche* ist Privileg der Aristokratie, Essen ist ein gesellschaftlicher Akt, der Reichtum, Macht und Geschmack demonstriert. Alles Grobe, Rohe ist jetzt verpönt. An die Stelle des grobschlächtigen Hungers tritt der Appetit, der die Nuancen des Geschmacks auskostet. So gehört der Brauch, Tiere im ganzen zu servieren und erst bei Tisch zu zerteilen, vergangenen Zeiten an. Auf der Tafel erscheint der Braten jetzt vortranchiert, kunstvoll dekoriert und garniert. Verfeinerung und Luxus galten nicht als Überflüssiges, sondern waren Merkmal des sozialen Standes. Die Neigung zur Selbstdarstellung verlangte, daß die Inszenierung des Genusses so wichtig wurde wie der Genuß selbst. Zum Kaffeetrinken etwa verkleidet man sich ins zugehörige türkische Kostüm, ein Mohrenjunge serviert das Getränk in kunstvollem Porzellan.

Und in vielerlei Hinsicht personifiziert Casanova dieses Jahrhundert und seine Gesellschaft. Der Chevalier de Seingalt, wie er sich selbst nannte, war eine schillernde Figur. Er war Dichter und Schriftsteller, Freimaurer, Alchimist und Glücksspieler, Mitbegründer der französischen Staatslotterie, Diplomat, Spion im Dienst der venezianischen Inquisition. Casanova, das war der große Abenteurer, der mit Königen, Kaisern und Päpsten und mit den großen Gelehrten seiner Zeit verkehrte, aber auch mit Betrügern und Zuhältern Umgang hatte, der Gast bei Hofe, aber auch in Spelunken und Bordellen war. Vor allem aber: Casanova, der große Verführer, der auf seinen Reisen durch Europa kaum eine Gelegenheit zu einem erotischen Abenteuer ausließ. Damen der Gesellschaft, Zofen, Mägde, Dirnen und Schauspielerinnen wurden seine Geliebten – *etlichen hundert Frauen* will er den Kopf verdreht haben.

Wohin immer sein unstetes Leben ihn auch trieb, überall genoß er die Freuden der Liebe, des Spiels und der Tafel. Wie Casanova gesteht, war es sein sanguinisches Temperament, das ihn so empfänglich für die Lockungen der Sinnlichkeit machte:

Der Kultus der Sinneslust war mir immer die Hauptsache: niemals hat es für mich etwas Wichtigeres gegeben. Ich fühlte mich immer für das andere Geschlecht geboren; daher habe ich es immer geliebt und mich von ihm lieben lassen, soviel ich nur konnte. Auch die Freuden der Tafel habe ich leidenschaftlich geliebt, und ich habe mich für alles begeistert, was meine Neugier erregte.

Eine Verbindung zwischen Tafelfreuden und Liebesspiel ist seit jeher in allen Kulturen hergestellt worden: *Sine Baccho et Cerere friget Venus*, wie ein altes Sprichwort sagt – ohne Essen und Wein keine Freuden der Liebe. Wo immer man sich umschaut in den Zeugnissen der Kulturgeschichte, in Kunst und Literatur, werden Essen und Erotik in Zusammenhang gebracht. Appetit und Liebe sind Synonyma. Und diese Verbindung von Essens- und Liebeslust zieht sich auch durch Casanovas Leben, wie er es uns in seinen Memoiren geschildert hat. Exquisite Soupers bilden den Rahmen erotischer Begegnungen, Schlemmen und Lust sind eng miteinander verknüpft.

Ich liebte alle scharfgewürzten Speisen: Makkaronipastete von einem guten neapolitanischen Koch, die Olla potrida der Spanier, recht klebrigen Neufundländer Stockfisch, Wildbret im höchsten Stadium des Duftes und von Käse gerade diejenigen Sorten, deren Vollendung sich dadurch zeigt, daß die Tierchen, die sich in ihnen bilden, sichtbar werden. Süß fand ich stets den Geruch der Frauen, die ich geliebt habe, und je stärker eine roch, um so süßer schien sie mir.

So verwundert es auch nicht, daß die Speisen und Getränke, die in seinen Memoiren beim Liebesmahl eine Hauptrolle spielen, häufig solche sind, denen eine aphrodisische Wirkung zugeschrieben wird: Austern, Trüffeln, Fische, Schalentiere, heiße Schokolade, Champagner. Und

Casanova selbst war sich der Wirkung dieser Köstlichkeiten durchaus bewußt, wie seine Schilderung eines Soupers zeigt, bei dem er mit seiner Geliebten Austern genießt:

Wir schlürften sie abwechselnd einander aus dem Munde, nachdem wir sie auf die Zunge gelegt hatten. [...] Was für eine Austernsauce, aus dem Mund des angebeteten Geschöpfs geschlürft, ist doch ihr Speichel! Es ist unmöglich, daß die Kraft der Liebe sich nicht versucht, wenn ich solche Auster zermalme, wenn ich sie verschlinge.

Diese Synästhesie von Essen und Erotik, die Verschränkung von Schmecken und Fühlen, bereitet die Vereinigung gleichsam vor: das Essen ist der Vorgeschmack, das Vorspiel des Liebesakts. Und bei beidem, um das Verlangen zu steigern, spielt die Inszenierung eine wichtige Rolle:

Wir erdulden zuweilen Hunger, um uns die Speisen, die ihn stillen sollen, besser schmecken zu lassen; wir verzögern den Liebesgenuß, um ihn lebhafter zu machen.

Auch wenn dabei, wie Casanova mit gewisser Ironie einräumen muß, das Erwartete nicht immer eintrifft: *freilich kann man an einem verdorbenen Magen sterben; in der Liebe lassen wir uns oft durch Trugschlüsse täuschen.* Ein Risiko, das man eingehen muß – und Casanova hat es zeitlebens getan.

Doch nicht nur als Hors d'œuvre für anschließende Liebesfreuden standen exquisite Soupers im 18. Jahrhundert hoch im Kurs, sondern wie einer der großen Feinschmecker dieser Zeit, Brillat-Savarin, weiß:

An den Tafelfreuden hat jedes Lebensalter, jeder Stand, jedes Land und jeder Tag seinen Anteil; sie lassen sich mit allen anderen Freuden verbinden und bleiben uns bis zuletzt treu, um uns über den Verlust der anderen zu trösten.

Kennerschaft in kulinarischen Dingen gehörte im 18. Jahrhundert zum guten Ton der Gesellschaft am Hof und in den vornehmen Kreisen – vor allem in Paris. Kochen galt als Kunst, und das Interesse für die Koch-Kunst war groß. Viele Aristokraten suchten Zerstreuung in der Küche: Ludwig XV. wurde für seine *Hühnchen in Basilikum* gerühmt; Madame Pompadour, seine Geliebte, kreierte für die kleinen Soupers des Königs die *Geflügelfilets à la Bellevue*. Die Gemahlin des Königs nimmt in Anspruch, die Königin-Pastete erfunden zu haben, und sein Haushofmeister, Marquis Louis de Béchamel, hatte die Idee für eine Sauce – die Béchamelsauce.

Auch die Verbindung aristokratischer Namen mit bestimmten Gerichten zeigt, daß die kulinarischen Künste zu Ehren gelangten. Wie Brillat-Savarin schreibt:

Die Namen der berühmtesten Köche wurden gegen das Ende dieser Zeit mit denjenigen ihrer Herren genannt und diese letzteren waren stolz darauf. Die Verdienste beider vereinigten sich, und die berühmtesten Namen fanden sich in den Kochbüchern bei Speisen, welche von ihren Trägern begünstigt, erfunden oder eingeführt wurden.

Die Gewohnheit, daß ein Meisterkoch seine Schöpfung unter die Patenschaft einer berühmten Persönlichkeit stellt, hat sich bis heute erhalten. Die *Soupe à la Madame*

Pompadour, das *Filet Wellington* oder das *Chateaubriand* sind Beispiele dafür – und auch eine *Casanova-Sauce* findet man in Kochbüchern.

In dem böhmischen Dorf Dux, wo Casanova seine letzten Jahre als Bibliothekar zubringt, beginnt er, die Geschichte seines Lebens aufzuschreiben. Seine Memoiren, das vollkommenste und farbigste Gemälde des 18. Jahrhunderts in der Weltliteratur, sollten ihm ewigen Ruhm verschaffen. Jetzt, im Alter, entfacht die Erinnerung an seine Abenteuer eine neue Lust – die Lust zu schreiben:

Indem ich mir die genossenen Freuden ins Gedächtnis zurückrufe, erneuere ich sie und genieße ihrer zum zweiten Mal.

Zur Kultivierung des Genusses gehört das Reden darüber, und daß dabei manche Liebesszenen sehr ausführlich geschildert sind, dafür werden wir um Verständnis gebeten:

Denn man darf doch meiner alten Seele keinen Vorwurf daraus machen, daß sie nur noch in der Erinnerung genießen kann.

Folgen wir nun dem Chevalier de Seingalt auf seinen Reisen – bei seiner Lust am Essen und seinem Hunger nach Liebe!

Casanovas sinnliche Rezepte: Das bedeutet nicht, daß er in seinen Memoiren eine Anleitung zum Kochen gegeben hat, es ist vielmehr eine Anleitung zum Genießen. Daß der Feinschmecker Casanova großes Interesse für die kulinarischen Gewohnheiten der Länder, die er bereiste, zeigt,

ist verständlich; und überall war er auf der Suche nach In-formationen für sein Käse-Lexikon, ein Vorhaben, das er allerdings nicht zu Ende führte. So erfahren wir nicht nur, daß er allerorten köstliche Soupers genoß, sondern immer wieder geht er auf die jeweiligen Spezialitäten des Landes ein, erwähnt Speisen, die ihm besonders gemundet haben. Für einige der Gerichte liefert diese kleine kulinarische Biographie Rezepte, in Anlehnung an historische Koch-bücher, jedoch um die Mengenangaben und Garzeiten, die in diesen meist fehlen, ergänzt und für den Nachvollzug modifiziert. Wenn nicht anders angegeben, sind
die Rezepte für zwei Personen
mit großem Appetit
berechnet.

Jugendjahre in Italien

Schon das Ereignis seiner Geburt verbindet Casanova im Rückblick mit einem kulinarischen Genuß:

Meine Mutter brachte mich am 2. April, dem ersten Ostertage des Jahres 1725, in Venedig zur Welt. Sie hatte am Vorabend ein großes Verlangen nach Krebsen. Ich esse sie sehr gerne.

Die Erinnerung an seine Jugend allerdings ist – nicht nur in kulinarischer Hinsicht – eher unerfreulich. Giacomo, der Sohn des Schauspielers Gaetano Casanova und der Tochter eines Schuhmachers, Zanetta Farussi, die später ebenfalls die Theaterlaufbahn einschlug, war als Kind kränklich, von ständigem Nasenbluten gequält – und *blöde*, wie er sich selbst beschreibt. Erst im Alter von neun Jahren wird er nach Padua geschickt, um endlich die Schule zu besuchen. Dort wird er in Pension bei einer Slawonierin mehr schlecht als recht untergebracht; vor allem das Essen ist ihm in schlimmer Erinnerung geblieben:

Nach der sehr schlechten Suppe bekamen wir eine kleine Portion gedörrten Stockfisch, hierauf einen Apfel, und damit war das Mittagessen zu Ende; wir befanden uns in der Fastenzeit. Wir hatten keine Gläser oder Becher, sondern tranken alle aus demselben irdenen Krug

17

ein elendes Getränk, das man Graspia nennt; es wird zubereitet, indem man Weinbeerenstiele in Wasser kocht.

Auch sein silbernes Besteck, ein Geschenk seiner geliebten Großmutter Marzia, in deren Obhut er aufwuchs, darf Giacomo nicht benutzen; mit einem Holzlöffel muß er, wie die anderen Zöglinge auch, die Suppe aus der Schüssel löffeln.

Die gute Luft von Padua macht ihn zwar gesund, fördert aber auch seinen Appetit. So ist es kein Wunder, daß er jede Nacht davon träumt, an einer reichbesetzten Tafel seinen grimmigen Hunger zu stillen. Giacomo verlegt sich aufs Stehlen. Heimlich schleicht er in die Speisekammer und verschlingt, was er an Eßbarem findet: geräucherte Heringe, Würste, Eier.

Auch eine zweite Quelle tut sich für ihn auf. Da er in der Schule sehr gute Fortschritte macht, wird er dazu bestimmt, die Aufgaben seiner Mitschüler zu kontrollieren:

Wenn ihr Latein von Fehlern wimmelte, gewannen sie meine Nachsicht mittels gebratener Rippchen oder Hühnchen.

So wird seine *Leckerhaftigkeit* geweckt. Glücklicherweise kann er nach einiger Zeit in das Haus seines Lehrers Gozzi umziehen – und dessen jüngere Schwester, die dreizehnjährige Bettina, wird das Ziel seiner ersten erotischen Wünsche:

Das Mädchen gefiel mir sofort, ohne daß ich wußte, warum. Sie schleuderte dann später in mein Herz die ersten Funken einer Leidenschaft, die in der Folge meine herrschende wurde.

18

Im Jahre 1737 beginnt Casanova in Padua das Studium der Rechtswissenschaften. Er gerät in schlechte Gesellschaft, und als er seine Spielschulden nicht mehr bezahlen kann, holt ihn seine Großmutter nach Venedig zurück.

Wer begabt, aber ohne Vermögen war, versuchte damals, die kirchliche Laufbahn einzuschlagen – so auch Casanova. Er wird auf die Priesterlaufbahn vorbereitet, erhält die niederen Weihen und den Titel eines Abbate. Casanova gewinnt die Gunst einer der angesehensten Männer der Stadt, des Senators Malipiero: ein geistreicher, gebildeter Mann, aber von Gicht geplagt – was im 18. Jahrhundert beinahe zum guten Ton gehörte, war die Gicht doch Folge und Beweis für ein üppiges Leben. Der Senator ist Feinschmecker, doch da er keine Zähne mehr hat und daher nur sehr langsam essen kann, tafelt er alleine – es wäre ihm unangenehm gewesen, seine Gäste warten zu lassen. Casanova, der stets Appetit für zwei hat, wird sein Tischgenosse und lernt so die feinen Tafelfreuden kennen. Und auf den glänzenden Abendgesellschaften des Senators wird er in die vornehme Gesellschaft Venedigs eingeführt:

So viele schöne Bekanntschaften mit Damen der sogenannten großen Welt erweckten in mir eine Neigung, durch meine Erscheinung und ein elegantes Äußeres gefallen zu wollen.

Der sechzehnjährige Abbate – einen Meter neunzig groß, *kräftig gebaut wie Herkules*, mit gesunder brauner Gesichtsfarbe, klassischen Gesichtszügen – wird der Liebling der Damen. Auch mit seiner ersten Predigt hat

Casanova großen Erfolg. Doch er wird übermütig. Beim nächsten Mal steigt er nach einer üppigen Mahlzeit mit *vollem Magen und erhitztem Kopf* auf die Kanzel, weiß nicht mehr, was er sagen will, und täuscht, um sich aus der Affäre zu ziehen, eine Ohnmacht vor. Diesmal ist ihm sein großer Appetit zum Verhängnis geworden: Seine Laufbahn als Prediger ist damit beendet.

Erfolgreicher verlaufen seine ersten erotischen Abenteuer. Objekt der Begierde sind die beiden Schwestern Nannetta und Martina, die bei ihrer Tante leben. Unbemerkt kann Casanova, ausgerüstet mit zwei Flaschen Zyperwein und einer geräucherten Zunge, sich in das Zimmer der Mädchen schleichen:

Schnell legten sie drei Gedecke auf und brachten mit fröhlichem La-chen Brot, Parmesankäse und Wasser. Dann gingen sie ans Werk. Der Zyperwein, an den sie nicht gewöhnt waren, stieg ihnen zu Kopf, und ihre Lustigkeit wurde entzückend.

Nach diesem *köstlichen kleinen Abendessen* begibt man sich zu Bett — *und die köstliche Nacht verging in gegenseitigen Bezeu-gungen unserer Glut ...*

Bald darauf verläßt Casanova Venedig, um in Kalabrien in den Dienst des Bischofs von Martirano zu treten. Bei seinem ersten Zwischenaufenthalt in Chioggia wird Casa-nova zu einem Treffen der makkaronischen Akademie ein-geladen. Ihre Mitglieder, ein geselliger Kreis von Literaten, pflegen die makkaronische Dichtung, ironisch-satirische Verse in einer Mischung aus Italienisch und Lateinisch.

LE COUCHER.

Les yeux chargés d'une douce langueur,
Zélis va, dans le sein d'un sommeil enchanteur
Reprendre une beauté nouvelle :
Songes flatteurs on vous appelle,

On a livré pour vous aux flammes
De tendres Billets .... de la discretion !
A-t-elle tort ou bien raison ?
Respectons le secret des Dames.

J.H.F. inv · J Freudeberg del ·

Gravé a l'Eau forte par Duclos
et terminé au Burin par Romet

A Paris chez Buldet rue de Gesvres

12

Sigmund Freudenberger *Le coucher*

Ihren Namen erhielt sie im 15. Jahrhundert, nach der Lieblingsspeise der Italiener, durch das Gedicht *Maccharonea*. Verse zu schmieden war für den Mann von Welt auch im 18. Jahrhundert eine wichtige Kunst, die Casanova zeit seines Lebens pflegte. Doch nicht nur mit seinem Gedicht, das er für dieses Treffen verfaßt, hat Casanova Erfolg und wird als Mitglied in die Akademie aufgenommen:

Bei Tisch machte ich eine noch bessere Figur als bei der Sitzung, denn ich aß so viel Makkaroni, daß man mich als Fürsten ausrief.

Pasta – seit Jahrhunderten die Basis der italienischen Küche. Schon die Etrusker kannten wahrscheinlich Teigwaren, und Apicius, ein römischer Gourmet aus dem 1. Jahrhundert n. Chr., erwähnt in seinem Kochbuch *De re coquinaria* Nudelgerichte. Vor rund 500 Jahren entschied man sich in Genua für Hartweizen als Grundlage der Pasta; und bis heute ist er der ideale Rohstoff speziell für die Pasta secca, die trockene Pasta wie Spaghetti und Maccheroni. Zum Ausformen des Nudelteigs entwickelten die Italiener zahlreiche Utensilien. Eines der ältesten ist die *chitarra*, ein Holzrahmen, dicht mit nebeneinanderliegenden Drähten bespannt, durch die man den Teig mit dem Nudelholz preßte. Diese Teigfäden, die *maccheroni*, wurden zum Trocknen auf Holzgestelle gehängt. So wurde die Pasta zum populärsten Gericht Italiens – und auch zu einem Lieblingsgericht Casanovas.

Doch sein Aufenthalt in Chioggia beschert Casanova auch unerfreuliche Erlebnisse, Unglücksfälle, die das

Schicksal im Lauf seines Lebens noch öfter für ihn bereithalten wird: beim Glücksspiel wird er um sein Geld gebracht, muß seine Habe verpfänden und steckt sich bei einer Straßendirne an. Krank und ohne einen Pfennig Geld muß er abreisen. Doch ein junger Bettelmönch nimmt sich seiner an. Casanova schreibt für ihn Bittbriefe an die Gläubigen, die Anhänger des heiligen Franz von Assisi, und so finden sie überall freundliche Aufnahme und werden mit köstlichem Essen versorgt.

In Kalabrien, am Ziel seiner Reise angekommen, ist Casanova sehr enttäuscht von den ärmlichen Verhältnissen, die er beim Bischof von Martirano vorfindet:

Sein Essen entsetzte mich. [...] Da er sehr fest an der Observanz seines Ordens hielt, so gab es nur Fastenspeisen, und das Öl war abscheulich.

Angesichts der Trostlosigkeit des Ortes – und vor allem: *Wie häßlich waren die Frauen!* – beschließt Casanova, wieder abzureisen. Auf der Rückfahrt nach Rom teilt er die Kutsche mit Giacomo Castelli, einem Advokaten in fortgeschrittenem Alter, und dessen Gattin Lucrezia. Sie wird die Frau, die Casanova *in die wirklichen Mysterien der Liebe* einweiht. Doch das Glück ist von kurzer Dauer. Casanovas Hoffnung auf eine Anstellung bei Kardinal Acquaviva erfüllt sich nicht, und er muß aus Rom abreisen.

Es ist Fastenzeit, als Casanova in Ancona eintrifft, wo er im besten Gasthof der Stadt absteigt. Und als er bei seinem Wirt ein Fleischgericht bestellen will, weigert sich dieser als guter Christ und wohl auch, weil Wirte damals bei Strafe verpflichtet waren, nur erlaubte Fastenspeisen zu servieren.

Nun hatten sich zwar im 18. Jahrhundert die Fastengebote bereits gelockert: Neben Fisch, der Hauptfastenspeise, waren jetzt auch tierische Produkte wie Butter und Eier erlaubt. Doch etwa ein Drittel des Jahres war Fastenzeit – das vierzigtägige Fasten vor Ostern, etliche kleinere Fastenpausen und der allwöchentliche Freitag. Und so verwundert es nicht, daß die Kochbücher der Zeit in der Hauptsache aus Rezepten für Fastenspeisen bestanden. Man war bemüht, die Fischkost durch vielerlei Saucen, Ragouts und Pasteten abwechslungsreich zu gestalten. Es gab sogar Fastenbankette von üppigem Ausmaß: Pastete von Hechten mit Krebsen und Aal, Karpfen gefüllt mit Austern, Seezungen und Lachs wurden serviert.

Gegen ein kräftiges Bußgeld konnte man sich vom Papst dispensieren lassen, um dem Fasten zu entgehen. Und auch Casanova hat einen solchen Dispens: Papst Benedikt XIV. hatte ihm erlaubt, Fleisch zu essen, als sich Casanova bei einer Begegnung in Rom darüber beklagte, daß Fastenspeisen bei ihm eine Augenentzündung verursachten. Doch leider war diese Erlaubnis nur eine mündlich erteilte, und so kommt Casanova in Ancona nicht in den Genuß eines Fleischgerichts. Der Kastilianer Sancho Pico, der ebenfalls in diesem Gasthof abgestiegen war, beruhigt ihn:

Signore, Sie haben unrecht, daß Sie Fleisch essen wollen, während
in Ancona die Fastenspeisen viel besser sind.

Und in der Tat: Casanova wird ein ausgezeichnetes
Fastenmenü serviert. Sancho Pico leistet ihm dabei Gesellschaft und stellt ihm nach dem Essen die *Primadonna*
vor – den schönen Knaben Bellino, von dem Casanova anfangs glaubt, er wäre ein Kastrat. Da auch für das Theater
in Ancona die römischen Bühnengesetze galten, nach denen in der Oper alle Frauenrollen durch Männer besetzt
werden mußten, waren Kastraten begehrte Akteure. Doch
schon bald kommen Casanova Zweifel am Geschlecht
Bellinos. Und auch seiner *natürlichen Lasterhaftigkeit* wegen
hofft er, daß der schöne Knabe in Wirklichkeit eine Frau
ist. Bei einem Abendessen, zu dem Sancho Pico eingeladen hat, will Casanova sich mit eigenen Augen davon
überzeugen.

Don Sanchos Nachtmahl war köstlich und natürlich dem meinigen
weit überlegen; denn sonst hätte der kastilianische Stolz sich gedemütigt
geglaubt. Er bewirtete uns mit weißen Trüffeln, mit Muschelgerichten
verschiedener Art und den besten Fischen des Adriatischen Meeres;
dazu gab es nichtmoussierenden Champagner, Peralta, Xeres und Pe-
dro-Ximenes. Nach diesem lukullischen Abendessen sang uns Bellino
mit einer Stimme, die uns das letzte Restchen von Vernunft benahm,
das die ausgezeichneten Weine uns noch gelassen hatten.

Und Casanova erhält Gewißheit: Bellino ist ein Mädchen – Teresa, wie er sie in den Memoiren nennt. Gemein-
sam mit der Sängerin, die er sogar heiraten will, reist

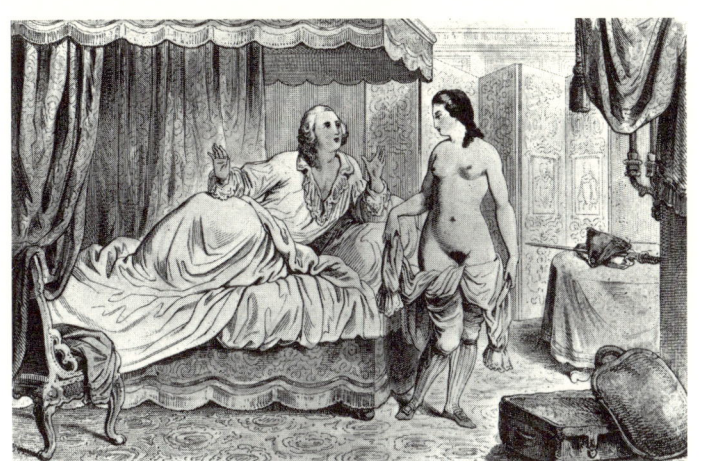

Illustration von Julius Nisle zu Giacomo Casanovas Memoiren

Bellino

Casanova ab. Doch das Schicksal soll ihn, nicht nur dieses Mal, davor bewahren: bereits in Pesaro trennen sich ihre Wege. Casanova hat seinen Paß verloren und wird in Arrest genommen.

Als Casanova 1744 nach Venedig zurückkehrt, betrachtet er seine kirchliche Laufbahn als beendet und beschließt, Soldat zu werden.

Makkaronipastete
(für 6 Personen)

Zutaten für den Teig:
300 g Mehl
1 Ei
200 g weiche Butter

Zutaten für die Füllung:
1 Kalbsbries (250 g)
250 g Makkaroni
40 g Butter
30 g Mehl
1/4 l Milch
250 g Champignons
10 grüne Oliven
3 Eier
getrocknetes Basilikum und Oregano
1 Zitrone
1 Eigelb

Mehl, Ei und Butter zu glattem Teig verkneten, 90 Minuten in den Kühlschrank stellen.

Für die Füllung Kalbsbries wässern, in kochendes Wasser legen und 20 Minuten garen. Danach das Bries häuten, Äderchen und Röhren entfernen; Bries würfeln.

Makkaroni in Salzwasser al dente kochen, abschrecken, beiseite stellen.

Die Butter in einem Topf erhitzen, Mehl darin anschwitzen, Milch unter Rühren dazugießen, 5 Minuten kochen lassen. Champignons putzen, in Scheiben schneiden, in den Topf geben und 5 Minuten mitkochen. Oliven hacken, mit den Brieswürfeln in den Topf geben. Eier verquirlen und in die Masse rühren. Mit Salz, Pfeffer, Basilikum, Oregano und Zitronensaft abschmecken. Makkaroni unterheben.

Boden und Rand einer feuerfesten Form mit 3/4 des

Mürbteiges auslegen, Makkaronimasse einfüllen. Letztes Teigviertel ausrollen und die Pastete damit abdecken. Mit Teigresten verzieren. In die Mitte des Deckels ein kleines Loch schneiden, damit der Dampf während des Backens entweichen kann. Pastete mit verquirltem Eigelb bestreichen und im vorgeheizten Ofen bei 220 Grad ca. 40 Minuten backen. Dazu Tomatensauce getrennt reichen.

Weinempfehlung: Frascati

Sardinen venezianisch

Zutaten:　8 kleine Sardinen
2 Zwiebel
50 g Pinienkerne
50 g Rosinen
1/4 l Weißwein
4 EL Olivenöl
Salz, Pfeffer
Saft einer 1/2 Zitrone
1 EL Mehl

Sardinen ausnehmen und den Kopf abschneiden, die Fische mit Zitronensaft beträufeln, salzen und pfeffern, mit Mehl bestäuben.

Gewürfelte Zwiebel in 2 EL Olivenöl glasig dünsten, Rosinen und Pinienkerne dazugeben, mit Wein ablöschen, 5 Minuten dünsten, Sardinen in restlichem Öl anbraten, Zwiebelmischung dazugeben, lauwarm servieren.

Krebse im Sud

Zutaten: 10 mittelgroße Krebse
50 g Karotten
50 g Sellerie
1 Zweig Thymian
2 Schalotten
1 Lorbeerblatt
0,4 l Weißwein
Petersilie, Salz

Karotten, Sellerie, Schalotten würfeln, mit Lorbeerblatt und Thymian in einen Topf geben, ca. 0,4 l Wasser dazu, 30 Minuten kochen. Wein zufügen, salzen, aufkochen lassen, Krebse mit Kopf voraus in den Topf geben, ca. 3–5 Minuten kochen (je nach Größe). Krebse im Sud in einer Suppenschüssel servieren.

Weinempfehlung: Riesling

Venusmuscheln

Zutaten:

1 kg Vongole
2 EL Olivenöl
1 Möhre
1 Zwiebel
1 Knoblauchzehe
4 Stengel Bleichsellerie
Petersilie

Zutaten für die Marinade:

1 Glas Weißwein
2 EL Weißweinessig
6 EL Olivenöl
Salz, Pfeffer

Vongole sehr sorgfältig waschen. Olivenöl im Topf erhitzen, gewürfelte Möhre, Zwiebel, Knoblauch darin glasig dünsten; Muscheln dazugeben. Muscheln, bis sie sich öffnen, im Topf lassen, dabei Deckel auflegen.

Vongole herausnehmen, Sud einkochen, durch ein Sieb passieren. Zataten der Marinade in den Sud geben, mit dem Schneebesen aufschlagen, bis eine cremige Sauce entsteht.

In einer Schüssel die lauwarmen Vongole mit den in feine Scheibchen geschnittenen Selleriestangen und gehackter Petersilie in der Marinade wenden, kurz durchziehen lassen.

Weinempfehlung: Weißer Burgunder

Stockfisch

Zutaten:	500 g Stockfisch
	(24 Stunden in Wasser einlegen)
	20 g getrocknete Steinpilze
	2 EL Mehl
	6 EL Olivenöl
	50 g Butter
	1 gehackte Zwiebel
	1/8 l Weißwein
	1/4 l Milch
	1/16 l Fleischbrühe
	Salz, Pfeffer, Muskatnuß
	40 g geriebener Parmesan
	2 EL gehackte Petersilie
	1/16 l Rahm

Steinpilze 30 Minuten in lauwarmes Wasser legen. Den ein-
gelegten Stockfisch in Stücke schneiden und mit Mehl bestäuben. In einer Kasserolle das Öl und 20 g Butter erhitzen, darin die Fischstücke, die gut ausgepreßten und
kleingehackten Steinpilze und die Zwiebel andünsten. Mit
dem Wein ablöschen und bei starker Hitze einkochen lassen,
bis er vollständig verdampft ist. Mit Salz, Pfeffer und Mus-
kat würzen und die Milch dazugießen. Die Kasserolle in den
heißen Backofen schieben und den Fisch ca. 2 Stunden leise
schmoren lassen. Die Fischstücke vorsichtig herausheben
und in eine feuerfeste Form legen. Auf jedes Stück eine But-
terflocke legen, Parmesan und Petersilie darüber verteilen
und etwas pfeffern. Nochmals für ca. 15 Minuten in den
heißen Ofen schieben. Den Bratensatz in der Kasserolle mit
der Brühe lösen, wenn nötig salzen und pfeffern, einkochen
lassen, Rahm dazugießen und aufkochen lassen. Über den
Fisch gießen und servieren.

Weinempfehlung: Soave

Als Soldat in der Levante

Casanova tritt in den Dienst der Republik und wird als Fähnrich dem venezianischen Regiment in Korfu zugeteilt.

Nach kurzem Aufenthalt auf der Insel reist er als Adjutant des Cavaliere Venier nach Konstantinopel:

Der Anblick der Stadt auf die Entfernung von einer Stunde ist staunenerregend, und ich glaube, die ganze Welt bietet nirgend ein so entzückendes Schauspiel.

Ein Empfehlungsschreiben von Kardinal Acquaviva verschafft Casanova Zutritt zum Haus von Ahmed Pascha von Karamanien – ein Name, den Graf von Bonneval nach seinem Übertritt zum Islam angenommen hat. Bonneval zeigt ihm seine Bibliothek; doch als er die Vorhänge der vergitterten Schränke öffnet, sieht Casanova statt Foliobänden Flaschen bester Weine aufgereiht:

»Das hier«, sagte mir der Pascha, »ist meine Bibliothek und mein Harem; denn da ich alt bin, würden die Frauen mein Leben verkürzen, während der gute Wein es mir nur erhalten kann oder wenigstens es angenehmer gestalten muß.«

Doch Bonneval hat keinen Dispens, der ihn vom Alkoholverbot befreit; wie er Casanova aufklärt, gibt es in der Türkei keine Inquisition:

Wer die Vorschriften der Religion nicht beachtet, sagen sie, wird im andern Leben schon unglücklich genug sein, so daß man ihm nicht noch in diesem Leben Leiden zuzufügen braucht.

Jeden Donnerstag ist Casanova bei Bonneval zum Mittagessen eingeladen. Bei seinem ersten Besuch trifft er ihn türkisch gekleidet an:

Seine Gäste fanden sich bald ein, und wir setzten uns, acht an der Zahl, zu Tisch, sämtlich in heiterer Stimmung. Die Mahlzeit war ganz französisch, im Zeremoniell sowohl wie in der Zubereitung der Speisen, sein Staatshofmeister und sein Koch waren zwei rechtschaffene französische Renegaten. Er stellte mich allen Tischgenossen vor und nannte mir ihre Namen; [...] Jeder Gast hatte zu seiner Rechten eine Flasche stehen, welche Weißwein oder auch Hydromel enthalten konnte. Ich weiß nur soviel, daß ich wie auch Monsieur Bonneval, der zu meiner Rechten saß, ausgezeichneten weißen Burgunder trank.

Hier lernt Casanova auch den reichen Türken Jussuf Ali kennen, der ihn in sein Haus einlädt. Im Gegensatz zu Bonneval befolgt Jussuf streng die Gebote der Religion. Er ist der Meinung, der Genuß von Wein beraube den Menschen seiner Vernunft. Überhaupt sind die wahren Freuden für ihn die, die nur die Seele berühren und von den Sinnen ganz unabhängig sind – für Casanova nur schwer nachvollziehbar: kann er sich doch keine Freuden denken, *die die Seele ohne Vermittlung der Sinne erfreuen.* In Jussufs Haus wird Casanova nur Hydromel – Honigwasser –

serviert, was ihm jedoch vorzüglich schmeckt. Auch die Mahlzeit ist sehr gut, *obwohl als einziges Gericht Kavurma aufgetragen wurde.*

Die türkische Küche wird Casanova in guter Erinnerung bleiben. Eines ihrer wichtigen Gerichte, den Pilaf, dessen Hauptbestandteil Reis, Bulgur oder Weizen sein kann, hat er als *Gaumenkitzel für die Feinschmecker* bezeichnet.

In Konstantinopel wird Casanova nicht nur mit fremden Tafelsitten vertraut, sondern macht die Erfahrung, daß hier auch in der Liebe andere Gewohnheiten herrschen. Ein Annäherungsversuch an die junge Frau seines Freundes Jussuf schlägt fehl, als Casanova versucht, ihren Schleier zu heben. Denn wie Bonneval ihn aufklärt, würde sie jeden anderen Körperteil eher entblößen: *Der sittsamsten Türkin wohnt Schamhaftigkeit nur auf dem Gesicht.* Bonneval warnt ihn auch davor, mit den Sklavinnen seiner Freunde einen Liebeshändel anzufangen — *nach den hierzulande herrschenden Sitten sind derartige Umtriebe stets gefährlich.*

Trotzdem macht sich Casanova Hoffnungen auf ein Stelldichein mit der schönen Sklavin des Türken Ismail, einer Venezianerin. Doch er trifft nur Ismail an, der ihn zu einer Bootsfahrt und zum Essen einlädt: *wir fingen einige Fische, die wir in einer Laube in Öl braten ließen und aßen.*

Anschließend jedoch erlebt Casanova eine Überraschung, durch das Fenster eines Kabinetts bietet sich ihm ein besonderes Schauspiel.

Wir traten ein und sahen bei dem Licht des Mondes, das voll auf das Wasser des Teiches fiel, drei Nymphen, die bald schwimmend, bald aufrecht oder auf den Marmorstufen sitzend sich unsern Augen von allen möglichen Seiten, in allen Stellungen der Anmut und Wollust darboten.

Welches der drei Mädchen die Venezianerin ist, kann er zwar nicht ausmachen, doch das Schauspiel *entflammte* Casanova, und: *Ismael aber trug den Sieg davon, denn da er sich in meiner Nähe befand, mußte er den Gegenstand meiner Wünsche ersetzen, den ich nicht erreichen konnte.*

Als die drei Nymphen sich zurückziehen, trennen sich auch die beiden Zuschauer, nachdem sie sich *mit vortrefflicher Konfitüre beköstigt und einige Tassen Kaffee* zu sich genommen haben.

Als Casanova abreist, wird er von seinen Freunden reich beschenkt: mit wertvollen Tabaken, einem Faß Honigwasser und einigen Flaschen Scopolos, einem berühmten Wein der griechischen Insel gleichen Namens, die damals noch in türkischem Besitz war. Auch *zwei Zentner Mokkakaffee bester Güte* sind dabei.

Wein des Islam hat man den Kaffee genannt. Und als ernüchterndes Getränk scheint er wie geschaffen für eine Kultur, die den Alkoholgenuß verboten hat. Seit wann in der arabischen Kultur der Kaffee bekannt ist, läßt sich nicht genau bestimmen, zum allgemeinen Volksgetränk wurde er auch in der islamischen Welt erst im 15. Jahrhundert. Mitte des 16. Jahrhunderts wurde in Konstantinopel das erste Kaffeehaus eröffnet. Mitte des 17. Jahrhunderts betritt der Kaffee, ebenso wie die Schokolade, der Tee und der Tabak, die Bühne der europäischen Genußkultur und wird zum Modegetränk der höfisch-aristokratischen Gesellschaft. Im Gegensatz zur Schokolade, der der Ruf eines Aphrodisiakums vorauseilte, galt der Kaffee als anti-erotisches Getränk, das sexuelle Energien dämpft, und wurde Geistlichen im Zölibat empfohlen. Doch er hat einen großen Vorzug: er regt den Geist an und hält wach, bereitet auf den Arbeitstag vor. Und diese Eigenschaft ist es auch, die den Kaffee zum idealen Getränk des Bürgertums machte. Denn bevor sich diese nicht-alkoholischen Heißgetränke in Europa durchsetzten, spielte der Alkohol eine zentrale Rolle: Bis ins 18. Jahrhundert bestand das Frühstück in der Regel aus Biersuppe.

Doch für Casanova ist das Kaffee-Geschenk vor allem wichtig, weil es ihm ermöglicht, wieder auszulösen, was er vor seiner Abreise verpfändet hatte, um seine Spielschulden zu bezahlen. In Korfu angekommen, verkauft Casanova seine aus Konstantinopel mitgebrachten Sachen, und, nun im Besitz von fünfhundert Zechinen, nimmt er sich vor, vernünftiger vorzugehen; denn in den ersten Wochen, die er auf der Insel verbrachte, hat er bereits einen Eindruck von der Lebensweise auf Korfu gewonnen:

Die mit hübschen Frauen Verheirateten genossen das Vergnügen, ihre Häuser häufig von Herren besucht zu sehen, die nach ihrer Gunst strebten. Aber man sah nirgends lebhafte Leidenschaften, vielleicht weil

damals in Korfu sich viele Kurtisanen aufhielten, deren Reize käuf-
lich waren. Die Glücksspiele waren überall erlaubt, und die habgie-
rige Leidenschaft des Spiels mußte den Gefühlen des Herzens großen
Eintrag tun.

Doch wenn Casanova sich auch im Glücksspiel zurück-
hält, so erfaßt ihn eine andere Leidenschaft – für Signora
F., die Gattin eines Kapitäns und Geliebte des Gouver-
neurs, dem Casanova unterstellt ist. Die Dame zeigt sich
jedoch eher spröde und treibt ihr kokettes Spiel mit ihm.

Eines Tages bei Tisch, Casanova hat vor sich einen
prächtigen Truthahn stehen, fordert ihn Signora F. auf, ihn
zu zerlegen. Doch Casanova stellt sich sehr ungeschickt
an und wird ausgelacht. Denn im 18. Jahrhundert wurde
es für etwas *galantes und wohlanständiges gehalten, wann man ein*
Stück Feder-Wildpret oder sonst anderes Geflügel zierlich zu zer-
schneiden weiß. In den Kochbüchern der Zeit findet sich
deshalb im Anhang meist auch ein Tranchierbuch.

Es ist nicht das letzte Mal, daß Signora F. sich über
Casanova lustig macht, der sich nicht nur in feinen Tafelsitten unerfahren zeigt, sondern auch in Liebesdingen
noch viel zu lernen hat und deshalb auch ihr Spiel nicht
durchschaut. Als sie ihm eine Locke ihres Haares schenkt,
nimmt Casanova dies als ein unverkennbares Liebesge-
ständnis:

Da ich von einem so köstlichen Schatz nichts verlieren wollte, zer-
schnitt ich den ganzen Rest der Haare mit einer Schere, so daß ein ganz
feines Pulver daraus wurde, und befahl dem Zuckerbäcker, dieses vor

Sigmund Freudenberger *Le bain*

meinen Augen in einen Teig von Ambra, Zucker, Vanille, Engelwurz, Alkermes und Styrax zu mischen; ich ging nicht eher, als bis die Plätzchen, die er aus dieser Mischung formte, fertig waren.

Casanova entwickelt eine wahrhaft verzehrende Leidenschaft:

Ganz gewiß hielt ich meine Zuckerplätzchen nicht für einen Liebeszauber, und der Gedanke lag mir fern, daß sie durch die Haare köstlicher geworden sein könnten; aber aus einem verliebten Aberglauben legte ich Wert auf sie, und ein Genuß war mir der Gedanke, daß ich einige winzige Körperteilchen des angebeteten Wesens meinem eigenen Körper einverleibte.

Auch die Sprache der Liebe — wie *ich habe dich zum Fressen gern* — zeugt ja von einem unterschwelligen menschenfresserischen Impuls. Als Casanova der Angebeteten, die sich geschnitten hat, das Blut aus der Wunde saugt, fragt sie ihn denn auch: *Sie haben mein Blut mit Genuß verschluckt? Sind Sie denn Menschenfresser?* Und Casanova selbst weiß: Auch der Kuß ist nur der *glühende Wunsch, einen Teil des geliebten Wesens in sich einzusaugen.*

Doch all seine Anstrengungen sind vergeblich. Denn Signora F. ist der Ansicht, die Liebe sei *ein Kind, das man mit Tändeleien beschwichtigen muß; eine zu kräftige Nahrung muß ihr den Tod bringen.*

Als Casanova seinen Diener, der sich plötzlich als Prince de La Rochefoucauld ausgibt, niederschlägt und schwer verletzt, flieht er, um nicht in Arrest zu kommen, nach Casapo, einer Halbinsel an der Nordküste Korfus.

Er bezieht ein bequemes Haus, hat eine gute Köchin und hübsche Näherinnen für seine Hemden – und er verliebt sich in alle:

Ich führte ein köstliches Leben, denn mein Tisch war mit saftigen Speisen, mit dem prächtigsten Hammelfleisch und so schönen Schnepfen bestellt, wie ich ähnliche nur noch in Petersburg gefunden habe. Ich trank nur Scopolo und die besten Muskatweine des Archipels.

Doch Casanova stört den Frieden und die Ordnung der Halbinsel, denn: *all die hübschen Mädchen kamen an die Reihe –* und wollten danach von ihren alten Liebhabern nichts mehr wissen.

Da sich herausgestellt hat, daß der Prinz tatsächlich ein Schwindler gewesen ist und Casanova keine Strafe mehr zu befürchten hat, kehrt er nach Korfu zurück. Doch das Glück ist ihm nicht hold – nicht beim Spiel und nicht mehr bei Signora F. Außerdem hat er sich bei einer Kurtisane wieder einmal eine Geschlechtskrankheit eingehandelt, und so beschließt er abzureisen.

Mit Casanovas Rückkehr nach Venedig ist auch seine militärische Laufbahn beendet. Um sich seinen Lebensunterhalt zu verdienen, wird er Geiger in einem Theaterorchester, versucht sein Glück im Spiel und ist, wie er selbst bekennt, ein *Taugenichts*. Doch der Zufall will es, daß er eines Nachts Senator Bragadin das Leben rettet, der ihn dafür wie einen Sohn aufnimmt, ihm eine Wohnung, einen Diener und Geld zur Verfügung stellt:

Ich war hinlänglich reich, von der Natur mit einem angenehmen und stattlichen Äußern begünstigt, ein kühner Spieler, ein unverbesserlicher Verschwender, redselig, immer scharf in meinem Witz, nichts weniger als bescheiden, furchtlos, stellte den hübschen Weibern nach, schlug die Nebenbuhler aus dem Felde.

Nach einem der üblichen Skandale, in die Casanova immer wieder – der Frauen und des Glücksspiels wegen – verwickelt wird, verläßt er Venedig und reist nach Frankreich.

Hammelpilaf

Zutaten: 300 g Hammelfleisch
150 g Reis
50 g Rosinen
1 Zwiebel
1 Knoblauchzehe
Safran
Rosenwasser
2 EL abgezogene Mandeln
2 EL Öl
Salz
1/2 l Fleischbrühe

Öl erhitzen, Knoblauchzehe und Mandeln darin anrösten, Knoblauchzehe herausnehmen, die feingeschnittene Zwiebel dazugeben, anrösten, das gewürfelte Fleisch hinzufügen und bräunen, salzen und mit einer Messerspitze Safran, aufgelöst in etwas Rosenwasser, würzen, mit der Brühe ablöschen. Ca. 60 Minuten zugedeckt kochen, dann den gewaschenen Reis und die Rosinen zugeben, bei schwacher Hitze in ca. 20 Minuten garquellen lassen.

Kavurma

Zutaten: 500 g Hammelfleisch
2 EL Olivenöl
1 Zwiebel
Pfeffer
Salz
1 Pepperoni
glatte Petersilie

Hammelfleisch in Würfel schneiden und in Salzwasser weichkochen.

Olivenöl in einer Pfanne erhitzen, die in feine Ringe geschnittene Zwiebel und die gehackte Pepperoni dazugeben und anbraten. Das abgetropfte Fleisch zugeben, mit Pfeffer und Salz würzen, etwas Wasser angießen und etwa eine Viertelstunde schmoren lassen. Gehackte Petersilie darüberstreuen. Mit Reis und Salat servieren.

Verfeinerte Genüsse in Paris

Im Sommer des Jahres 1750 kommt Casanova das erste Mal nach Paris – dem Zentrum des gesellschaftlichen Lebens und der Mode, der Kultur und der Diplomatie; in die Stadt des Lichts, wie Talleyrand sie nannte:

Sie sind in Frankreich, Monsieur, und hier kennt man den Wert des Lebens und sucht es zu genießen. Wir lieben den Genuß und schätzen uns glücklich, wenn wir den Genuß verschaffen können.

So beschreibt Patu, der Advokat und Dichter, den Casanova am ersten Tag seines Aufenthalts kennenlernt, das Lebensgefühl der Bewohner von Paris. Patu macht ihn nicht nur mit den berühmten Freudenmädchen der Stadt bekannt, sondern führt ihn auch in die Pariser Gesellschaft ein, in der Überfluß, ja Verschwendung herrscht: *große Gesellschaft, hohes Kartenspiel, prachtvolles Essen und ungezwungene Heiterkeit bei Tisch*. Hier verkehrt Casanova mit Philosophen und Schriftstellern, nimmt Französischunterricht bei dem Dichter Crébillon, ist Gast in den führenden Salons, die das gesellschaftliche Leben der Stadt prägen; er besucht das Theater und die Oper, wo er die Bekanntschaft der Madame Pompadour, der Mätresse Ludwigs XV., macht.

Casanova ist auch bei Hofe – der mitten in Paris eine Stadt für sich bildete – zugelassen, eine große Ehre und das sicherste Mittel, um Karriere zu machen. In Fontainebleau wohnt er einer Mahlzeit der Königin bei. In einem prächtigen Saal ist an einer langen Tafel ein einziges Gedeck aufgelegt:

Ich sah die Königin von Frankreich; sie hatte kein Rot aufgelegt und war einfach gekleidet, den Kopf mit einer großen Mütze bedeckt. Ihr Gesicht war alt und ihre Miene fromm. Sie trat an den Tisch heran und dankte freundlich zwei Nonnen, die einen Teller mit frischer Butter hinsetzten. Die Königin nahm Platz, und sofort stellten die zwölf Hofkavaliere sich zehn Schritte vom Tisch entfernt in einem Halbkreis auf. Ich gesellte mich zu ihnen, indem ich ihr ehrfurchtsvolles Schweigen nachahmte. Ihre Majestät begann zu essen, ohne jemanden anzusehen, denn sie hielt die Augen auf ihren Teller gesenkt. Eine Speise, die ihr vorgesetzt wurde, schmeckte ihr; sie ließ sich zum zweitenmal davon geben, und nun durchmaßen ihre Augen den Halbkreis vor ihr, ohne Zweifel, um zu sehen, ob nicht unter diesen Beobachtern jemand wäre, dem sie über ihre Leckerhaftigkeit Rechenschaft geben müßte.

Das Gericht, das der Königin so vorzüglich mundet, ist ein Hühnerfrikassee, ein Ragoût – die Spezialität der französischen Küche.

Das 18. Jahrhundert ist die große Ära der französischen Kochkunst. Bereits in der Mitte des 17. Jahrhunderts hatte sie begonnen, Italien in seiner kulinarischen Vormachtstellung abzulösen. Die Sprache der Küche wird französisch – wie die Sprache der Diplomatie.

Im 18. Jahrhundert veränderte sich die kulinarische Praxis: Vom Übermaß und den ungewöhnlichen Speisenzusammenstellungen der vergangenen Jahrhunderte geht man nun zur delikaten Zubereitung über. Diese *nouvelle cuisine* ist die Küche der feinen Ragoûts und der köstlichen Saucen. Grundlage der Tafelsauce — und der französischen Kochkultur überhaupt — war der Coulis. Francois Marin, einer der großen Köche des 18. Jahrhunderts, hat diesen Extrakt, dessen Herstellung ganze Schinken und Kalbshaxen erforderte, als *Seele der Saucen* bezeichnet.

Ein Geschenk der französischen Küche ist auch die feine Suppe als Ouvertüre des Menüs. Schon Ludwig XIV. liebte Suppen über alles. Als erster Gang des königlichen Menüs, das in der Regel aus fünf Gängen bestand, wurden vier Suppen serviert.

Im Jahre 1765 eröffnete in Paris Monsieur Boulanger ein Lokal, in dem er nur Suppen verkaufte — *Restaurants divins*, göttliche Erquickung, wie er sie nannte. Diese kräftigende Brühe — nach dem ursprünglichen Rezept aus drei Rebhühnern, einer Hammelkeule und einer Kalbskeule zwölf Stunden gekocht — gab es zwar bereits unter dem Namen *le consommé restaurant*, was soviel wie die *wiederherstellende Suppe* hieß. Doch Boulanger war sehr erfolgreich, man nannte ihn Restaurateur und sein Haus kurz Restaurant — so wurde der Name der Suppe zum Namen des Lokals schlechthin.

Bereits seit Beginn des 18. Jahrhunderts beschäftigte

François Boucher *La Courtisane amoureuse*

man sich in Frankreich auch mit der Herstellung von Bouillontafeln, einem Vorläufer des Fleischextrakts, den Justus Liebig Mitte des 19. Jahrhunderts erfand. Die Fleischbrühe wurde durch Verdampfen konzentriert, in Tafelform gebracht und getrocknet. Auch Casanova, ein großer Suppenliebhaber, hatte auf seinen Reisen stets diese *köstliche Bouillon aus Täfelchen* bei sich.

Und Casanova liebte auch die französischen Vorspeisen, die wichtiger Bestandteil des vornehmen Essens und Hauptmerkmal der *nouvelle cuisine* in der ersten Hälfte des 18. Jahrhunderts wurden: die *hors d'œuvres* oder *entrées*, eine Vielzahl fertig zusammengestellter Gerichte.

Die wirkliche Kochkunst zeigte sich allerdings, wie überall, nur bei den privilegierten Ständen. Bei den weniger Begüterten kam Fleisch nur an Festtagen auf den Tisch und war Brot das Hauptnahrungsmittel.

Das folgende Menü soll einen Eindruck vermitteln, wie im 18. Jahrhundert die Franzosen speisten, die dem Adel oder dem vermögenden Bürgertum angehörten:

Suppe: Krebsensuppe
Vorgerichte: Ente auf provençalische Art, Karpfenmilch mit Granatäpfeln, junge Täubchen, Aal in Remouladensauce
Gebratenes: Lachskopf, Steinbutt, Poularde aus Caux
Zwischengerichte: Trüffeln mit Champagner, Spargel, Artischocken
Nachspeise: Äpfel à la Charlotte

Auch Casanova lernt in Paris die französische Küche kennen und bewundern – wenn auch sein allererster Eindruck nicht der beste war. Als er am ersten Morgen in Paris, im Palais-Royal, den öffentlich zugänglichen Gärten einer Residenz der Königsfamilie, seine gewohnte Schokolade bestellt, erlebt er eine Enttäuschung: sie schmeckt abscheulich. Die Bavaroise – ein Getränk, das aus starkem, mit Rohrzucker gesüßtem Tee mit Eigelb, Milch und Kirschwasser besteht –, die der Kellner vorschlägt, lehnt er ab; die Karaffe Mandelmilch dagegen, die ihm daraufhin gebracht wird, schmeckt so vorzüglich, daß er beschließt, dieses Getränk täglich zum Frühstück zu nehmen.

Lebte Casanova bei seinem ersten Aufenthalt in Paris noch eher bescheiden, so gewöhnt er sich rasch an den verschwenderischen Lebensstil der Hauptstadt. Hier vervollkommnet er seinen Geschmack und seine Manieren. Hier erwirbt er jene weltmännische Souveränität, die nur das Paris des 18. Jahrhunderts vermitteln konnte. Und hier lernt er die damals einzig gültige Weltsprache – auch seine Memoiren wird er auf französisch schreiben.

Bei seinen späteren Aufenthalten in Paris, in der Zeit zwischen 1757 und 1759, verkehrt Casanova in den exklusivsten Gesellschaftskreisen. Der französische Außenminister de Bernis, mit dem Casanova sich in Venedig eine Geliebte teilte, protegiert ihn. Ihm hat Casanova es wohl auch zu verdanken, daß er einer der Hauptnutznießer der Staatslotterie wurde und in geheimer Mission für den französischen Staat tätig werden konnte. Durch seine Kenntnisse in Magie und Okkultismus – die er schamlos benutzt, um andere zu täuschen – gewinnt er das Vertrauen der zwanzig Jahre älteren Marquise d'Urfé, die ihn finanziell sehr großzügig unterstützt. Mit der Manufaktur für chinesische Seidenstoffe, die Casanova gründet, um seinen aufwendigen Lebensstil zu finanzieren, hat er allerdings kein Glück: er muß Konkurs anmelden, wird gepfändet und ein Haftbefehl wird gegen ihn erlassen.

Casanova lebte mit *fürstlichem Luxus*. Seine *übermäßige Verschwendungssucht und Freigebigkeit* verschlang Unsummen. Als er im Jahre 1759 zum dritten Mal nach Paris kommt, mietet er ein Landhaus in *Petite Pologne*:

Die Lebensart, die ich in »Petite Pologne« aufbot, machte mein Landhaus berühmt. Man sprach davon, wie wir dort schwelgten. Ich ließ die Hähnchen in einem dunklen Zimmer mit Reis mästen; sie waren weiß wie Schnee und von köstlichem Geschmack. Der ausgezeichneten französischen Küche fügte ich all das hinzu, was die übrigen Küchen Europas an Gaumenkitzel für die Feinschmecker zu bieten hatten. Die Makkaroni »al sugo«, den Reis bald als Pilaf, bald als Risotto und meine »Olla podrida« machten von sich reden. Ich wählte Gesellschaften aus, die ich zu vorzüglichen Abendessen einlud.

Hier veranstaltet Casanova nicht nur große Feste, sondern hier stellt er seinen Freunden auch Séparées für verschwiegene Soupers zur Verfügung. Denn die Liebesfreuden kommen in dieser Stadt natürlich nicht zu kurz.

Casanova ist ein häufiger Gast im Hôtel du Roule, einem berühmten Pariser Bordell:

Die Besitzerin hatte es elegant eingerichtet und hielt darin zwölf bis vierzehn auserlesene Nymphen; außerdem fand man alle Bequemlichkeit, die man nur wünschen kann: guten Tisch, gute Betten, Sauberkeit, Einsamkeit in herrlichen Gartenanlagen. Ihr Koch war ausgezeichnet und ihre Weine vorzüglich.

Auch sonst sind Amouren sein liebster Zeitvertreib: Mimi, die Tochter seiner ersten Wirtin, Signorina Vesian aus Parma, die schöne O-Morphi, die zwanzig jungen Mädchen, die er in seiner Seidenmanufaktur beschäftigt …

Nicolas Lancret *Galantes Souper in einem Petit Maison*

Ragoût mit Hähnchen

Zutaten: 1 Hähnchen
                2 Zwiebeln
                1 Knoblauchzehe
                1 Zweig Thymian
                1 Tasse Bratenjus
                1 Tasse Fleischbrühe
                3 Nelken
                1 EL Mehl
                1 EL Butter
                1 EL Olivenöl
                1 Messerspitze Muskatblüte
                1 Zitrone

Das Geflügel entbeinen, die Knochen hacken und mit einer kleingeschnittenen Zwiebel in Öl anrösten, mit Fleischbrühe ablöschen, Bratenjus dazugeben, 20 Minuten kochen und dann durch ein Sieb passieren.

Butter im Topf zergehen lassen, gehackte Zwiebeln mit gewürfeltem Geflügelfleisch hell anschwitzen. Saft und Schale der Zitrone, Thymian, Nelken, Muskatblüte dazugeben. Mit Mehl überstäuben, wenden, mit dem vorbereiteten Jus ablöschen und 5 Minuten durchkochen.

Poulet en fricassée

Zerschneidet eure jungen Hühner in grosse Stücke, passiret sie in der Pfanne in der weissen Butter, lasset sie darinnen wohl brudeln. Thut hernach ein wenig gute Brühe daran, oder auch Wasser, lasset sie kochen, mit Saltz, Speck, Petersilien und Zibullen, in Päckeln, die ihr hernach wieder heraus nehmet. Einige hacken sie darunter. Man muß alles gehörig kochen lassen. Wenn es gar ist, so klopfet zwey Eyerdotter in unzeitiger Traubensaft, oder in die Fricassee-Brühe, oder in frischen Rahm, und thut sie daran. Richtet sie an, und gebt sie zum Vor-Gericht.

Originalrezept aus: *Das Allerneueste Pariser Kochbuch*

Mandelmilch

Zutaten: 50 g Mandeln
1/2 l Milch
2 Eigelb
1 EL Zucker
1 Zimtstange

Mandeln in der Pfanne braun rösten, mit einem Tuch abreiben und mahlen. Die Milch mit Zucker und Zimt aufkochen, Mandeln dazugeben und kurz aufkochen lassen, durch ein Sieb gießen. Eigelb schaumig schlagen, in die Mandelmilch geben und verquirlen.

Wiener Intermezzo

Nach seinem ersten Aufenthalt in Paris, nach zwei sehr vergnüglichen Jahren in dieser Stadt, reist Casanova über Dresden und Prag nach Wien.

In Wien war alles schön. Viel Geld und viel Luxus. Aber auch große Hemmnisse für die Anbeter der Venus. Eine Legion erbärmlicher Spitzel, die man mit dem schönen Namen Keuschheitskommissäre schmückte, waren die unerbittlichen Verfolger aller Mädchen.

Galt in Paris ein Mann, der sich mit der eigenen Frau begnügte, als Bedrohung des öffentlichen Wohls, wie Montesquieu meinte, so muß sich Casanova nun an andere Sitten gewöhnen: In Wien galt Ehebruch als schwerwiegendes Delikt. Kaiserin Maria Theresia hatte Kommissare eingesetzt, die über die Tugend ihrer Untertanen wachen sollten. Für die holde Weiblichkeit gab es nur ein Mittel, um den Belästigungen dieser Spione zu entgehen: gesenkten Hauptes und mit einem Rosenkranz ausgestattet den Eindruck zu erwecken, auf dem Weg zur Kirche zu sein. Doch Casanova merkt schnell, daß *die Herren Keuschheitskommissäre nur für solche unbequem waren, die nicht in guten Häusern verkehrten.* Und wie stets in solchen Fällen: der Repression wird mit Heuchelei begegnet.

Auch den kulinarischen Genüssen stand Maria Theresia
eher streng gegenüber:

Die Völlerei mag vielleicht nur Naschhaftigkeit sein, und diese
Sünde wird von der Religion nicht bestraft; denn in guter Gesellschaft
gilt sie sogar für einen Vorzug; übrigens ist sie vom Appetit abhängig,
und wenn einer an einer Unverdaulichkeit stirbt, nun, so hat er eben
seine Strafe weg.

Am Hof der Kaiserin lebte man denn auch — abgesehen
von den offiziellen Festen — eher bescheiden. Die Köche der
Adeligen orientierten sich an der französischen Küche, während im bürgerlichen Haushalt die Anregungen vor allem
von den Küchenmädchen aus Ungarn, Böhmen und Mähren
kamen. Die Wiener genossen das Essen: mittags wurden an
der bürgerlichen Tafel sechs bis zehn Gerichte aufgetragen
und drei Sorten Wein gereicht. Die Küche war — und ist es
bis heute — bekannt für ihre Mehlspeisen: Nockerln, Knödel, Schmarrn und Strudel. Die berühmte Wiener Kondi-
torkunst setzte sich, wie auch alles andere in dieser Stadt,
aus verschiedenen ausländischen Einflüssen zusammen. Ein
Wiener Koch war es auch, der vor 300 Jahren auf die Idee
kam, den Rahm von der Milch abzuschöpfen und zu schlagen — so entstand das *Schlagobers*, das man in Wien zu jeder
Gelegenheit, zu Kuchen, Nachspeisen, zum Kaffee und auch
einfach *zwischendurch* zu sich nahm. Zu Beginn des 18. Jahrhunderts war der Luxus in Wien so unmäßig, daß Leopold I.
das Amt des *Häferlguckers* einführte, der darüber wachte, daß
seine Untertanen die Tafelfreuden nicht übertrieben.

LES HAZARDS HEUREUX DE L'ESCARPOLETTE

Dediés à Monsieur Lentre

Honoré Fragonard du Roi

Jean-Honoré Fragonard *Die Schaukel*

Doch trotz gewisser *Hemmnisse* — Casanova genießt seinen Aufenthalt in Wien. Er wird bei Hof empfangen und lernt auch Maria Theresias Sohn, den späteren Kaiser Joseph II. kennen. Baron von Weiß führt ihn in die vornehme Gesellschaft ein. Mit Glücksspiel und galanten Soupers vertreibt er sich die Zeit:

Ich war entzückt von dem Wiener Leben und von den Genüssen, die ich bei den schönen Fräulein fand, deren Bekanntschaft ich bei der Baronin gemacht hatte. Kurz vor meiner Abreise aus der schönen Stadt traf Baron Weiss mich beim Hochzeitsfest des Grafen Durazzo und lud mich zu einem Picknick in Schönbrunn ein. Wir fuhren hin, und ich war dort in keiner Weise enthaltsam; als wir nach Wien zurückkamen, hatte ich mir denn auch dermaßen den Magen verdorben, daß ich vierundzwanzig Stunden später dem Tode nahe war.

Als seine Freunde nach einem Wundarzt schicken, der ihn zur Ader lassen möchte, setzt sich Casanova vehement zur Wehr. Hätte man ihm Blut abgezapft, so wäre er wohl nicht mit dem Leben davongekommen, meint er. Und um sich von dem Unwohlsein zu erholen, ist denn auch nichts weiter nötig als reichlich Wasser zu trinken und Geduld zu haben.

Einige Tage später ist Casanova völlig wiederhergestellt.
Bald darauf reist er nach Triest ab,
um sich nach Venedig
einzuschiffen.

Krebsenstrudel

Nimm auf ein Brett Mundmehl, salze es, schlag ein ganzes Ey daran, mache den Taig mit einem laulichten Wasser ganz weich, daß du ihn ziehen kannst, an, arbeite ihn recht fein, bis er Blattern bekömmt, ab, hernach decke einen warmen Weidling darauf, laß ihn rasten bis die Fülle fertig ist. Diese mache also: schneide Krebsschweifeln und Scheeren klein mit dem Schneidmesser, treibe ein halb Pfund Krebsbutter im Weidling ab, rühre um 2 sammt Rinden in Milch geweichte Semmel daran, alsdann 5 ganze Eyer, jedes gut verrührt, salze es, ein Seitel guten Milchram, und zuletzt die klein geschnittenen Krebsschweifel darein, rühre alles unter einander, bestreue ein Brett mit Mehl, lege den Taig darauf, walke ihn aus, alsdann ziehe ihn, daß er aber nicht zerreisset, so dünn als es seyn kann, streiche die Fülle darauf, rolle ihn zusammen, hernach schmiere eine blecherne Schüssel und Reif mit Krebsbutter, leg ihn rund darein, mache einen Reif herum, schütte siedende Milch und ein wenig Krebsbutter darauf, gib unten und oben Glut, backe ihn langsam, wenn die Strudel zu trocken ist, so schütte ein wenig Milch darauf, daß sie saftig bleibt.

Originalrezept aus: *Wienerisches bewährtes Kochbuch*

Verführer und Verführter in Venedig

Im Mai 1753 trifft Casanova nach dreijähriger Abwesenheit wieder in seiner Heimatstadt ein, die neben Paris das Zentrum überschäumender Lebensfreude ist. Bankette, Bälle, Theateraufführungen, Liebesabenteuer, Karten- und Würfelspiel bestimmen das Leben in Venedig. Alle Feste verblassen jedoch gegenüber dem Karneval, der sechs Monate lang dauert. Die ganze Stadt ist maskiert, und die Maske erlaubt alle erdenklichen Feizügigkeiten.

Hier lernt Casanova einen gewissen P.C., Pietro Capretta, kennen, Sohn eines ehrenwerten venezianischen Kaufmanns, aber ein Taugenichts, und seine vierzehnjährige Schwester Caterina. Viele Personen, die zur Zeit der Niederschrift seiner Memoiren noch am Leben waren, hat Casanova durch Pseudonyme oder Kürzel geschützt, und so auch Caterina, die er C.C. nennt. Er verliebt sich sofort in das Mädchen und macht ihr sogar einen Heiratsantrag. Doch ihr Vater verweigert die Zustimmung und bringt Caterina in ein Kloster. Um sie wenigstens aus der Ferne sehen zu können, muß Casanova die Sonntagsmesse besuchen. Eines Tages erhält er den Brief einer Nonne des Klosters, die ihn um ein Stelldichein im Besuchszimmer bittet. Als Casanova dort die Nonne M.M. trifft, ist er sofort entflammt und in Gedanken seiner Caterina bereits untreu.

Der Liebe wurde auch in Klöstern gehuldigt, und viele Nonnenklöster waren für ihre freizügigen Sitten bekannt. Denn meist führte nicht der Glaube, sondern persönliche Umstände – gebrochene Eheversprechen, Erben, die der Verwandtschaft lästig waren – hinter Klostermauern. Wer von Rang und Stand war und bei seinem Eintritt eine Stiftung machte, dem war alles erlaubt: man konnte Geliebte empfangen, Diners veranstalten, nachts ausgehen. In den Besuchszimmern war man zwar durch Gitter getrennt, aber keine waren so weitmaschig wie die venezianischen; und wie Casanova es beschreibt, verschwanden diese Gitter sogar auf Knopfdruck, so daß man sich bequem umarmen konnte.

M.M. ist die Geliebte des französischen Botschafters de Bernis, wie sie Casanova gesteht; und sie verspricht ihm ein Abendessen im Lusthaus ihres Geliebten, der dafür, wie sie versichert, viel Verständnis habe. In Erwartung dieses Glücks verliert Casanova seinen Appetit und seinen Schlaf.

So findet das erste Treffen mit M.M. also im Kasino des Botschafters statt. Jeder Vornehme in Venedig besaß solch ein Lusthaus, wo man sich mit der Geliebten traf

Jean-Honoré Fragonard *Der Türriegel*

oder fröhliche Gesellschaften zu Spiel- und Tafelfreuden empfing. M. M., an diesem Abend in der elegantesten Gesellschaftstoilette, erwartet Casanova bereits. Der Tisch ist gedeckt, acht Gerichte in Schüsseln aus kostbarem Sèvresporzellan werden serviert:

Schon an den ersten Gerichten erkannte ich die französische Küche, und sie bestritt mir meine Wahrnehmung nicht. Wir tranken nur Burgunder und Champagner. Sie bereitete den Salat sauber und geschickt, und ich mußte bei jeder Bewegung ihre Anmut und Eleganz bewundern.

Doch an diesem Abend kommt Casanova noch nicht ans Ziel seiner Wünsche. Sein Verlangen noch zu steigern, scheint Absicht der Nonne zu sein. Über den Reiz der Vorfreude und des Widerstands, über die Hindernisse, durch deren Überwindung das Objekt der Begierde noch reizvoller wird, dieses Vorspiel hat Casanova selbst oft inszeniert und ausgekostet.

Auch er mietet nun ein Kasino, um sich mit seiner Geliebten treffen zu können – es ist das schönste in ganz Venedig. Alles schien hier darauf berechnet zu sein, *der Liebe, dem Vergnügen und den Freuden der Tafel zu dienen*. Er bestellt bei seinem französischen Koch das *üppigste und leckerste Essen* für zwei Personen und trägt ihm auf, vor allem die ausgesuchtesten Weine zu besorgen. Um sicherzugehen, daß bei seinem Rendezvous alles zur vollsten Zufriedenheit ist, läßt er seinen Koch probeweise ein Souper servieren – und findet alles ausgezeichnet:

*Wild, Stör, Trüffeln, Austern, Weine, Nachtische, alles wurde in
schönem sächsischem Porzellan oder auf Silber serviert.*

Für den nächsten Abend bestellt Casanova noch bittere
Orangen für den Punsch, feines Obst und Eis. Und er
bittet seinen Koch, nicht zu vergessen, *harte Eier, Anschovis
und verschieden gewürzte Essige aufzusetzen, um Salat zu machen.*

Der Gedanke, daß er die nächste Nacht an diesem Ort
eine Göttin in seinem Besitz haben sollte, hätte ihn sicher
um den Schlaf gebracht – doch das ausgezeichnete Essen,
Burgunder und Champagner tun ihre Wirkung und verschaffen ihm die süßeste Nachtruhe.

Und Casanova kann auch beruhigt schlafen, sind doch
die von ihm ausgewählten Speisen solche, denen aphrodisische Wirkung zugeschrieben wird: Fisch, Austern, Trüffeln:

*Wer Trüffel sagt, spricht ein großes Wort aus, das erotische und
feinschmeckerische Erinnerungen beim rocktragenden und feinschmek-
kerische und erotische Erinnerungen beim barttragenden Geschlecht
wachruft.*

So hat sich der Feinschmecker Brillat-Savarin über diesen Speisepilz geäußert, der, auch wegen seines vorzüglichen Nährgehalts, das *Aphrodisiacum der Lebemänner* genannt wurde.

Nicht nur Fischgerichten wurde nachgesagt, daß sie
stark auf die Geschlechtstätigkeit einwirken, sondern vor allem
Austern galten als *schmackhaftes Fleisch für wollüstige Menschen.*
Erstaunlich sind die ungeheuren Mengen von Austern, die

72

im 18. Jahrhundert vertilgt wurden. Sie wurden nicht nur mit ihrem Saft ausgeschlürft, sondern es gab unzählige Rezepte: Austern wurden geschmort, gebraten, gebacken, gekocht oder mariniert.

Und nicht zuletzt der Champagner, der bei keinem von Casanovas Soupers fehlte: Bis heute wird dem prickelnden Getränk die Wirkung zugeschrieben, Liebeskräfte und -sehnsüchte zu wecken. Es haftet ihm ein Hauch von Sünde an – nicht nur, weil er sündhaft teuer ist –, er steht für Genußsucht, für Verführung und Verschwendung.

Und Casanovas Vorbereitungen waren nicht umsonst, am nächsten Abend verläuft alles nach Wunsch. Nach dem Essen, das M.M. köstlich findet, bereitet sie den Punsch – und danach:

Trunken vor Liebe und Glück sank ich in ihre Arme, und sieben Stunden lang gab ich ihr die untrüglichsten Beweise meiner Liebesglut.

Diesem Abend folgen einige Soupers im Kasino des Botschafters. Warum M.M. diesen Ort gewählt hat, erfährt Casanova erst nach einigen Wochen: um de Bernis an ihrer Lust teilhaben zu lassen. Durch ein geheimes Guckloch war er von einem kleinen Kabinett aus ihr verborgener Zuschauer. Als M.M. ihn bittet, die Silvesternacht mit ihr zu verbringen, und hofft, er werde nichts dagegen haben, daß ihr Freund auf diese Weise teilnimmt, ist Casanova einverstanden: *und ich versichere Dir, wir werden dem Freunde ein Schauspiel bieten.*

Als man sich in der besagten Nacht trifft, bedarf es

allerdings noch einiger Vorbereitungen, um sich für den großen Auftritt zu stärken:

Denn ich habe heute noch nichts zu mir genommen als eine Tasse Schokolade und Eiweiß von sechs frischen Eiern mit Luccaöl und Kräuteressig als Salat angerichtet.

Und so setzt man sich zu Tisch:

Sie aß für zwei und ich für vier, denn unser ausgezeichneter Appetit wurde durch die Vortrefflichkeit der Speisen noch angespornt. Der prachtvolle Nachtisch wurde in Schüsseln aus vergoldetem Silber aufgetragen.

Nachdem M.M. den Punsch bereitet hat, machen sie sich den Spaß, Austern auf die *wollüstigste Art zu essen, die nur zwei sich anbetenden Liebenden möglich ist:*

Wir schlürften sie abwechselnd einander aus dem Munde, nachdem wir sie auf die Zunge gelegt hatten. Ist es auch komisch, so nimmt die Komik ihm doch nichts von seinem Reiz, denn das Lachen ist nur für Glückliche gemacht. Was für eine Austernsauce, aus dem Mund des angebeteten Geschöpfs geschlürft, ist doch ihr Speichel! Es ist unmöglich, daß die Kraft der Liebe sich nicht versucht, wenn ich solche Auster zermalme, wenn ich sie verschlinge.

Doch damit war genug getändelt: *Wir mußten an ausgiebigere Genüsse denken …* Der Gedanke, daß de Bernis ihre Lust teilt, dieses erotische Spiel spornt Casanova zu Höchstleistungen an. Und wie versprochen, spielt er seine Rolle nicht als *Dilettant, sondern als Meister.*

Auch de Bernis verbringt eine köstliche Nacht – und wie M.M. am nächsten Tag an Casanova schreibt:

Illustration von Julius Nisle zu Giacomo Casanovas Memoiren

Marie M.

Er will Eiersalat essen, und ich soll dich bitten, mir von Deinem Kräuteressig zu geben; denn er behauptet, in Venedig bekomme man nicht den richtigen.

In seinem Liebesglück bemerkt Casanova nicht, daß ihm seit längerem Unheil droht; er wird von Spitzeln der Inquisition überwacht, und als man genügend belastendes Material gegen ihn in der Hand hat, am 26. Juli 1755 bei Tagesanbruch verhaftet und zu fünf Jahren Haft im Dogenpalast verurteilt. Ob ein ketzerisches Gedicht, seine Beschäftigung mit Magie, sein ausschweifendes, lasterhaftes Leben oder Eifersucht der Anlaß waren, Casanova erfährt den Grund nicht. Gefangen in den Bleikammern des Palasts befindet er sich im sichersten Gefängnis der Welt. Als er merkt, daß eine Freilassung nicht in Aussicht ist, beschäftigt ihn nur noch ein Gedanke: die Flucht.

Auf dem Dachboden, wo er sich jeden Tag eine halbe Stunde bewegen darf, findet er eine Eisenstange, die er mit Hilfe eines Marmorbrockens zu einem Spieß zuspitzen kann, und macht sich ans Werk, um den Fußboden zu durchbrechen. Doch er wird in eine andere Zelle verlegt und alle Mühe war umsonst. Zudem entdeckt man das Loch und untersucht den Raum nun täglich – die Eisenstange allerdings konnte Casanova im Stuhl verstecken.

Der Wächter Lorenzo, dem Casanova Geld zukommen läßt, erlaubt ihm, mit anderen Gefangenen Bücher auszutauschen, und Casanova beschließt, den Mönch Balbi in seinen Fluchtplan einzuweihen. Doch wie kann er Balbi, der den Weg in die Freiheit graben soll, das Werkzeug dafür zukommen lassen? Casanova versteckt den Spieß in einer großen Folio-Bibel und stellt darauf ein Geschenk für Balbi: eine Schüssel Makkaroni in Butter mit Käse:

Am Tage des heiligen Michael kam Lorenzo früher als gewöhnlich mit einer Wärmepfanne voll von ganz heißen Makkaroni und mit allen erforderlichen Zutaten, um sie zurechtzumachen. Ich ließ ein großes Stück Butter zergehen, legte die Makkaroni auf die Schüssel und goß diese bis an den Rand mit Butter voll. Die Schüssel war riesig groß, viel größer als das Buch, worauf ich sie gestellt hatte.

Lorenzo wendet die Augen nicht von der Schüssel, um keine Butter zu verschütten, und bemerkt so den Spieß nicht. Der Plan geht auf. Fünfzehn Monate nach seiner Inhaftierung gelingt Casanova eine Flucht, die vor ihm noch keiner geschafft hatte und die ihn zu einer Berühmtheit machte. Über das Dach des Dogenpalastes gelangen Casanova und Balbi in Freiheit.
Er trennt sich bald darauf von dem
Mönch und flieht nach
Frankreich.

Salat *Casanova*

Zutaten: 1 Staudensellerie
Salz, Pfeffer
6 Eier
1 Trüffel
Kresse
100 g Mayonnaise
1 EL Senf

Eier hartkochen und nach dem Auskühlen schälen. Eigelb herauslösen und beiseite stellen. Sellerie in Stücke schneiden, in Salzwasser blanchieren und abkühlen lassen.

Eiweiß in Streifen schneiden und mit Sellerie und der gehobelten Trüffel in eine Salatschüssel geben. Mayonnaise mit Senf verrühren und unter den Salat mischen. Mit dem gehackten Eigelb bestreuen und mit Kresse garnieren.

Risotto mit Geflügelleber

Zutaten: 150 g Hühnerleber
30 g durchwachsener Speck
15 g getrocknete Steinpilze
3 EL geriebener Parmesan
1/8 l trockener Weißwein
200 g Reis (Vialone oder Arborio)
ca. 3/4 l heiße Geflügelbrühe
1 Schalotte
2 EL Butter
Salz, Pfeffer

Steinpilze 2 Stunden in Weißwein einweichen. Speck und Schalotte würfeln, in 1 EL Butter erhitzen, Pilze abtropfen lassen, Sud auffangen, Pilze hacken und anbraten, Reis einstreuen, unter Rühren glasig werden lassen. Nach und nach die heiße Brühe angießen, Reis unter Rühren ausquellen lassen, salzen und pfeffern, 2 EL Parmesan untermischen.

Hühnerleber kleinschneiden, in 1 EL Butter anbraten, salzen und pfeffern, Pilzsud angießen, Leber auf dem fertigen Risotto anrichten, mit dem restlichen Parmesan bestreuen.

Stör in Weinsauce

Zutaten:	Zutaten für die Marinade:
500 g Stör	6 EL Olivenöl
2 EL Olivenöl	1/2 Zitrone
1/8 l trockener Weißwein	1 Knoblauchzehe
1 Knoblauchzehe	1/2 Bund Petersilie
	1 Thymianzweig
	1 Rosmarinzweig
	Salz, Pfeffer

Knoblauchzehe zerdrücken, mit der gehackten Petersilie, den übrigen Kräutern, Salz, Pfeffer, Zitronensaft und Öl gut verrühren. Den Fisch in Portionsstücke teilen und 2 Stunden in der Sauce marinieren. Eine zerdrückte Koblauchzehe in 2 EL Olivenöl dünsten, herausnehmen und den abgetropften Fisch darin ca. 10 Minuten dünsten. Mit dem Weißwein ablöschen und einkochen lassen.

Weinempfehlung: Oltre Pò Pavese

An deutschen Fürstenhöfen

Die Schwierigkeiten, in die Casanova durch den Konkurs seiner Seidenmanufaktur geraten ist, zwingen ihn, im Jahre 1760 Paris zu verlassen. Er reist nach Deutschland und macht in Köln Station. Obwohl er nur einen Tag bleiben will, läßt er sich von der schönen Madame X, der Gattin des Bürgermeisters, überreden, seinen Aufenthalt zu verlängern. Er beschließt, nicht eher abzureisen, bevor er die Schöne erobert hat. Die Wohnung des Bürgermeisters grenzt an die Kirche und ist von dort aus durch eine verborgene Tür über eine Treppe zugänglich:

Der Teufel, der bekanntlich in der Kirche mehr Macht hat als anderswo, flößte mir den Plan ein, mir mit Hilfe dieser Tür den Genuß meiner Schönen zu verschaffen.

Schon beim ersten Stelldichein mit Madame X – der Gatte ist glücklicherweise verreist – muß Casanova sich einige Stunden in der Kirche versteckt halten, bevor er endlich in ihr Schlafzimmer eingelassen wird:

Sie hatte einen kleinen, sehr lecker aussehenden Imbiß für mich zurechtgemacht, aber ich rührte ihn nicht an, denn ich hatte einen anderen Appetit, den ich nur sättigen konnte, indem ich unaufhörlich all ihre Reize genoß; außerdem hatte ich um vier Uhr gegessen.

Erschöpft, aber *nicht gesättigt*, verläßt Casanova die Geliebte am nächsten Morgen und hofft auf ein neues Rendezvous. Nach vierzehn Tagen ist es endlich soweit. Es war ein Wochentag und die Kirche infolgedessen nur bis zum Mittag geöffnet. Durch ein reichliches Frühstück gewappnet für die lange Wartezeit, versteckt er sich im Beichtstuhl. Doch schon gegen ein Uhr wird ihm eine Nachricht durch das Gitter gesteckt:

Die Tür ist offen. Sie werden es bequemer auf der Treppe haben; dort finden Sie Licht, eine kleine Mahlzeit und Bücher.

Und Casanova ist hocherfreut über das, was er dort entdeckt:

Amor! Charmanter Gott, der an alles denkt! Ich zögerte nicht einen Augenblick, trat ein und fand auf der halben Breite von drei Stufen Servietten, leckere Speisen, köstliche Weine, einen Kocher mit Spiritus, Kaffee, Zitronen, Zucker und Rum, um Punsch zu machen.

Um zehn Uhr schlägt endlich die Schäferstunde; aber diese zweite Nacht ist *lange nicht so stürmisch wie die erste*, denn sie müssen vorsichtig sein, um den Ehemann im Nachbarzimmer nicht zu wecken.

Auf einem Maskenball, zu dem der Kurfürst den Adel der Stadt eingeladen hat, beschließt Casanova, auf Vorschlag von Madame X, die adelige Gesellschaft nach Brühl, dem Lustschlößchen des Kurfürsten, zum Frühstück einzuladen:

Ich fand in einem schönen Saale eine für vierundzwanzig Personen

L'HEUREUX MOMENT.

A *Monsieur Louis S^t L'empereur* *Graveur du Roi, et de leurs*

Nicholas Lafreuseu d. J. *L'heureux moment*

gedeckte Tafel; vergoldetes Silberbesteck, Damasttischwäsche, pracht-
volles Porzellan und auf dem Büfett eine Menge Silbergeschirr und
große Platten aus vergoldetem Silber. An dem einen Ende des Saales
standen zwei andere Tische, die mit Zuckerwerk und den besten euro-
päischen und fremden Weinen besetzt waren. Ich stellte mich als der
Gastgeber des Tages vor, und der Küchenmeister versicherte mir, ich
werde zufrieden sein. »Der Imbiß«, sagte er, »wird nur aus vierund-
zwanzig kalten Platten bestehen; aber Sie werden noch vierund-
zwanzig Platten englischer Austern und ein herrliches Dessert haben.«

Es wird Champagner gereicht, Rheinwein und Tokayer.
Als galanter Kavalier setzt Casanova sich nicht zu Tisch,
sondern bedient die Damen, geht von einer zur anderen
und ißt die *auserlesenen Bissen*, die sie ihm reichen:

Vor dem Nachtisch wurde eine übermäßig große Platte geschmorter
Trüffeln aufgetragen; ich gab den Rat, Maraschino dazu zu trinken; den
Damen gefiel dies, und sie tranken den Likör wie Wasser. Das Dessert
war wirklich prachtvoll. Man sah darauf die Porträts aller europäischen
Herrscher. Alle überhäuften den Küchenmeister mit Komplimenten.

Vorbild für die Küche des Adels und des wohlhabenden
Bürgertums war auch in Deutschland, wie im übrigen
Europa, die französische Küche. Die Kleinbürger dagegen
mußten sich mit Hausmannskost begnügen. In Preußen
etwa war dies Pökelfleisch oder Hering und vor allem die
Vielfalt von Kraut und Kohl. Im Süden, wie ein Berliner
Zeitgenosse berichtet, waren es die *Mehlspeisen, Knödel, Wes-*
pennester, Dampfnudel und dgl., die die Bayern für besondere
Leckerbissen hielten.

Mitte des 18. Jahrhunderts ist die Kartoffel, die bereits im 16. Jahrhundert aus Amerika nach Europa kam, im Begriff, Deutschland zu erobern. Friedrich II. hat in Preußen den Anbau der Kartoffel vorgeschrieben. Die Franzosen dagegen verweigerten sich dem Erdapfel. Trotz aller Anstrengungen, die Antoine-Auguste Parmentier unternahm, der während des Siebenjährigen Krieges in Deutschland die Nützlichkeit der Knolle kennengelernt hatte – er konnte seine Landsleute nicht überzeugen: In Frankreich kam die Kartoffel erst nach 1789 auf den Tisch.

Auf seinen Reisen durch Deutschland hat Casanova die großen Fürstenhöfe besucht und in seinen Memoiren beschrieben. Vor allem in Dresden machte er des öfteren Station. Hier hatte sich seine Mutter, nach Engagements in Rußland und Polen, niedergelassen und genoß die besondere Protektion des Kurfürsten von Sachsen:

Dresden hatte den glänzendsten Hof, den es damals in Europa gab. Die Künste standen in hoher Blüte. Galanterie sah man jedoch nicht. Denn König August war nicht galant, und die Sachsen sind nicht zur Galanterie veranlagt, wenn ihnen nicht ihr Herrscher das Beispiel gibt.

Bei seinem ersten Aufenthalt im Jahre 1752 verbrachte Casanova seine Zeit damit, alle käuflichen Schönheiten der Stadt kennenzulernen, und fand, *daß sie die Italienerinnen und Französinnen, was ihre körperlichen Reize anbelangt, noch übertrafen. Was aber Anmut, Geist und Charme betrifft, so konnten sie sich mit diesen nicht messen.*

Das Leben am Hof August des Starken war nach französischem Vorbild auf Repräsentation eingestellt. Und wie in Versailles vergnügte sich die Hofgesellschaft auch hier in der Küche. Im Jahre 1754 soll am Hof ein Wettkochen der Adeligen stattgefunden haben, um zu entscheiden, ob der französischen oder der deutschen Küche der Vorzug gebühre. Der Ausgang ist leider nicht überliefert.

Bei einem seiner späteren Aufenthalte, er erholt sich gerade wieder einmal von den Folgen eines *Liebesangebindes*, besucht Casanova auch Leipzig:

Da die Leipziger September-Messe sehr schön war, so fuhr ich dorthin, um zu meiner Kräftigung recht viele Lerchen zu essen, die mit Recht sehr berühmt sind.

In Berlin hat Casanova eine Audienz beim König von Preußen. Als er im Schloß von Sanssouci eintrifft, ist er erstaunt: keine Schildwache, keine Schar von Lakaien. Er trifft den König alleine im Park an, und, nach einer eher barschen Begrüßung, findet Casanova das Wohlgefallen des Herrschers. Friedrich II. lebte eher bescheiden, man kennt ihn nur in Uniformrock und Stiefeln. Und als Casanova ihn eines Abends höfisch gekleidet in der Oper sieht, wirkt seine Erscheinung geradezu komisch auf ihn.

Doch Friedrich der Große war Feinschmecker und bevorzugte die französische Küche. Seinen französischen Koch Noël schätzte er so sehr, daß er ihm ein Gedicht widmete. Mittags standen auf seiner Tafel acht Schüsseln: vier Gerichte nach französischer, zwei nach italienischer Art und zwei nach eigenem Wunsch zusammengestellt.

Der König liebte schwerverdauliche, stark gewürzte Speisen. Und französische Weine, wie den Sancerre – vielleicht weil er so gut zu seiner geliebten Aalpastete paßte.

Friedrich II. bietet Casanova sogar eine Stellung an: als Erzieher einer neu geschaffenen Kadettenschule. Doch als Casanova die preußischen Junker, *in eine ärmliche Uniform eingeschnürt*, und ihre armselige Behausung sieht, lehnt er ab.

Auch den Hof des Herzogs von Württemberg in Stuttgart hat Casanova besucht und ihn als einen der glänzendsten Europas beschrieben. Herzog Karl Eugen war bekannt für seine Verschwendungs- und Genußsucht:

Ich bemerkte bald, daß die Hauptleidenschaft dieses Fürsten war, von sich reden zu machen. Er wünschte, daß die Welt von ihm sage, kein Fürst habe mehr Geist, mehr Geschmack, mehr Anlage zum Erfinden der Vergnügungen, mehr Fähigkeit zum Herrschen; außerdem sollte man glauben, er sei ein zweiter Herkules in den Genüssen der Tafel, des Bacchus und der Venus, ohne daß jedoch die Augenblicke, die er der Sinnenlust widmete, die Sorgfalt beeinträchtigten, womit er alle Pflichten seines Herrscheramtes erfüllte.

Doch in Stuttgart gerät Casanova in eine höchst mißliche Lage. Drei Offiziere, die ihn zu einer *Vergnügungspartie mit einigen gefälligen Schönen* eingeladen haben, betrügen ihn beim Kartenspiel und stehlen ihm seine Uhren und seine goldene Tabaksdose. Da er seine Spielschulden nicht bezahlen will, muß er, um einer drohenden Verhaftung zu entgehen, bei Nacht aus dem Fenster seines Wirtshauses fliehen.

Lerchen mit Ragut

Nehmet Lerchen, nehmt sie aus, passiret sie braun, in der Casserole mit Speck und ein wenig Mehl. Wenn sie gebräunt sind, so würzet sie mit Salz und Pfeffer, lasset sie in einer kräftigen Brühe mit Championen, Artischockenböden und Morcheln stehen, lasset alles wohl zusammen kochen. Wenn es halb gekocht ist, so thut ein Glas weissen Wein daran, und wenn hernach euer Ragut gar ist, so thut noch einen Jus von Rindfleisch und den Saft von einer Citron daran, und richtet zum Vor-Gericht an.

Reise durch die Schweiz

Auf seiner abenteuerlichen Flucht aus Stuttgart kommt Casanova in die Schweiz und steigt in Zürich im Gasthof *Zum Schwert* ab. Noch ganz unter dem Eindruck des unerfreulichen Erlebnisses beschließt er, sein Leben zu ändern. Am nächsten Tag führt ihn sein Weg in die berühmte Benediktinerabtei von Einsiedeln. Der Abt zeigt ihm die Sehenswürdigkeiten der Kirche und lädt ihn zum Essen ein. Während seine Ordensbrüder Fastenspeisen essen, hat der Abt einen päpstlichen Dispensbrief, der ihm erlaubt, täglich Fleisch zu essen. Das Mahl ist ausgezeichnet: Wald- und Sumpfschnepfen sowie eine köstliche Lachsforelle werden aufgetragen.

Der Fürstabt war ein Feinschmecker ersten Ranges und ein Weinkenner, der nur so tat, als ob er enthaltsam wäre. Sein Rheinwein war erstklassig.

Im Glauben, an diesem Ort für immer glücklich sein zu können, faßt Casanova den Entschluß, Mönch zu werden. Doch der Abt rät ihm, diesen Schritt zwei Wochen zu bedenken. Und seine Vorsicht ist angebracht, denn kaum zurückgekehrt in seinen Gasthof, verwirft

Casanova beim Anblick einer schönen Frau seinen *lächerlichen Plan*.

Die Dame, die verhindert, daß Casanova sich im Kloster vergräbt, ist mit drei Freundinnen im Gasthof abgestiegen. Casanova hat einen glücklichen Einfall: Er verkleidet sich als Kellner und serviert den Damen das Abendessen. Und er hat dazugelernt. Hatte Signora F. in Korfu sich noch über seine Tranchierkünste lustig gemacht, so zerlegt Casanova jetzt einen gepökelten Kapaun so kunstgerecht, daß die Schöne ihm ein Lob ausspricht: *Sie servieren ausgezeichnet.*

Am nächsten Tag machen die Damen sich auf den Weg nach Einsiedeln, um dort ihre Andacht abzuhalten. Casanova bleibt noch einige Tage in Zürich, wo er an der Tafel seines Wirts sehr gutes Essen und *ein ausgezeichnetes süßes Dessert* genießt:

In der Schweiz ist ein Gastwirt nicht immer ein Mann ohne Bedeutung. Mancher leitet ein Haus so vornehm wie anderswo ein Mann der besten Gesellschaft; jedes Land hat seine Sitten. Der Gastwirt führt bei Tisch den Vorsitz und glaubt sich nicht zu erniedrigen, wenn er seine Tafelgäste bezahlen läßt. Er hat recht. Erniedrigend ist nur das Laster. Ein Schweizer Wirt nimmt nur deshalb den ersten Platz bei Tisch ein, um aufzupassen, daß alle gut bedient werden. Wenn er einen Sohn hat, sitzt dieser nicht etwa gleich dem Vater zu Tisch, sondern er wartet auf, die Serviette über dem Arm.

Als Casanova erfährt, daß seine Angebetete, er nennt sie Madame de …, in Solothurn lebt und seit kurzem verheiratet ist, reist er dorthin ab. Er bezieht Quartier in der berühmten *Auberge de la Couronne* und erhält durch einen Empfehlungsbrief eine Einladung in die Residenz des Botschafters Monsieur de Chavigny. Hier trifft er auch Madame de ... wieder:

In der Tanzpause ergriff ich die Gelegenheit, ihr zu sagen, ich sei nur ihretwegen nach Solothurn gekommen und ich hoffe, sie werde mir das Glück bewilligen, ihr den Hof machen zu dürfen.

Bei einer Fahrt zum Landhaus von Monsieur de Chavigny kommen sich die beiden näher, und Casanova beschließt, in Solothurn zu bleiben. Doch der Botschafter, den er eingeweiht hat, rät zur Vorsicht, um den guten Ruf der Madame de ... nicht zu gefährden. Er empfiehlt ihm, sich vom Arzt einen Landhausaufenthalt verordnen zu lassen:

Das Haus wird dann leicht gefunden sein und ich werde Ihnen einen ausgezeichneten Koch geben, um Ihnen die besten Ragouts zu machen.

Er verschafft Casanova nicht nur einen guten Koch, sondern auch eine reizvolle Haushälterin, Mademoiselle Dubois, die ihn beim Essen durch ihr geistreiches Geplauder unterhält und die, wie Casanova findet, mehr zur Geliebten als zur Haushälterin geschaffen zu sein schien:

Mein Abendessen war köstlich und der Neuenburger Wein gut. Meine Haushälterin bevorzugte den ausgezeichneten Wein der Côte. Ich war zufrieden mit meinem Koch, mit meinem Kellermeister, mit meiner Haushälterin und sogar mit meinem Spanier, der sie bei Tisch vernünftig und ohne alle Ziererei bediente.

LA VISITE INATTENDUE.

Votre indiscretion, funeste à tous les deux,   Du tendre amour quels que soient tous les charmes,

Dans votre sein, Chloris, va jetter les allarmes;   Il doit avoir un bandeau sur les yeux.

J.H.R. inv. J. Ponchebey del.   Pierre Chenu Sculp. 1774

A Paris chés Buldet rue de Gesvres.

Sigmund Freudenberger *Les confidences*

Doch alle Vorkehrungen erweisen sich als vergeblich. Die intrigante Madame F., eine Freundin seiner Angebeteten, taucht auf und nötigt ihn, sie aufzunehmen. Und als Madame de … endlich einige Tage, allerdings mit ihrem Gatten, zu Besuch kommt und Casanova nachts in ihr Zimmer schleicht, fängt ihn Madame F. im Dunkeln ab. Casanova, im Glauben, es wäre seine Angebetete, verbringt die Nacht mit ihr. Als er am nächsten Tag erkennen muß, wie übel ihm mitgespielt wurde, beschließt er, nach Bern abzureisen. Seine reizende Haushälterin begleitet ihn – und wird seine Geliebte.

Casanova verbringt drei glückliche Wochen in Bern. Die Damen der Stadt findet er liebenswürdig und gut gekleidet – wenn auch ohne Luxus: den Luxus in den gehörigen Schranken zu halten, war in der Schweiz durch *Aufwandsgesetze* für Kleidung und Schmuck geregelt. Der *Anstand* steht hier in Ehren – und die Mäßigkeit.

Nach drei glücklichen Wochen verläßt Casanova Bern und reist, nach einem kurzen Aufenthalt in Murten, wo er beim Mittagessen die köstlichen Fische des Murtener Sees genießt, weiter nach Roche.

Casanova hat sich vorgenommen, auf seinen Reisen allen zeitgenössischen Gelehrten seine Reverenz zu erweisen, und in der Schweiz finden zwei wichtige Begegnungen statt: mit Albrecht von Haller und mit Voltaire.

In Roche wird er von Haller, dem berühmten Arzt, Naturwissenschaftler und Dichter, der eher bescheiden lebt, sehr freundlich empfangen:

95

Herrn von Hallers Tisch war gut und reichlich, obgleich er selber sehr enthaltsam war, denn er trank nur Wasser. Nur beim Nachtisch erlaubte er sich ein kleines Gläschen Likör, das er in ein großes Glas Wasser schüttete.

Die Begegnung mit Voltaire in Genf hat Casanova als schönsten Augenblick seines Lebens bezeichnet. Der damals 66jährige französische Philosoph stand im Zenit seines Ruhms, auf seinem prächtigen Landsitz gewährte er Fürsten, Gelehrten und Literaten Audienz. Voltaire lädt Casanova ein, drei Tage zu bleiben und immer zum Mittagessen zu ihm zu kommen:

Sein Haushalt war aufs vornehmste eingerichtet, und man speiste sehr gut bei dem Dichter.

Casanova bewundert den Geist und die Gelehrsamkeit Voltaires, der seine Zuhörer glänzend unterhält. Ist das Mittagessen dem geistvollen Gespräch gewidmet, so gehört der Abend dem sinnlichen Vergnügen. Casanova läßt sich von einem Syndikus der Stadt zum vergnüglichen Souper mit drei jungen Damen einladen und: *In die ausgelassenste Heiterkeit versetzt, von Liebe, Champagner und wollüstigen Reden erhitzt,* verbringt man die Nacht.

Doch als Casanova am nächsten Tag, in Vorfreude auf *die angenehme Gesellschaft von Monsieur de Voltaire* sich zu ihm begibt, wird er enttäuscht; der große Mann zeigt sich *streitsüchtig, spottlustig und boshaft.* So bleibt, als Casanova abreist, eine *Mißstimmung* zurück. Und als er sich zwei Jahre später wieder einige Wochen in Genf aufhält, besucht er Voltaire nicht.

Wohl auch, weil ihn bei diesem Aufenthalt die Theologin Hedwig, die Nichte eines protestantischen Pastors, und deren Cousine Helene ganz in Anspruch nehmen. Um eine gemeinsame Nacht miteinander verbringen zu können, wird arrangiert, daß Hedwig bei Helene übernachtet. In einer dunklen Kammer versteckt, erwartet Casanova die verheißene Stunde. Doch seine schönen Freundinnen haben an ihn gedacht und ihm ein gebratenes Huhn und eine Flasche Wein bereitgestellt:

Es war ein köstlicher alter Wein aus Neuchâtel. Außerdem war das Huhn ganz nach meinem Geschmack getrüffelt, und diese beiden Reizmittel zeigten mir, daß entweder meine beiden Nymphen einige Ahnung vom Körperlichen hatten oder daß der Zufall zu Hilfe gekommen war, um mich nach Wunsch zu bedienen.

Nach vier Stunden wird Casanova erlöst. Helene führt ihn in ein Zimmer, in dem Hedwig, schon beinahe ausgekleidet, ihn erwartet und voll Glut umarmt ...

Getrüffeltes Hähnchen

Zutaten: 1 Poularde/Bressehuhn
100 g gekochten Schinken
100 g Hühnerleber
1 Brötchen
50 g Butter
50 g Trüffeln
1 Ei
Salz, Pfeffer
Petersilie

Brötchen, Schinken und Leber in kleine Würfel schneiden, mit der gehackten Petersilie, dem Ei und den gehackten Trüffeln vermengen, mit Salz und Pfeffer abschmecken. Das Huhn salzen und pfeffern, mit der Farce füllen und zunähen. In einen heißen Bräter legen, mit heißer Butter begießen und bei 180 Grad ca. 50 bis 60 Minuten braten. Dabei immer wieder mit Butter bepinseln.

Schnepfen in Burgunder

Zutaten:
- 2 Schnepfen
- 60 g Butter
- 1 Glas Burgunder
- 1 EL Cognac
- 100 g Speck
- 200 g Champignons
- 200 g Schalotten
- Salz, Pfeffer, Zucker

Die vorbereiteten Schnepfen mit Salz und Pfeffer würzen, in 40 g Butter braun braten (ca. 25 Minuten) und warmstellen. Bratensatz mit Wein löschen, einkochen lassen und etwas Cognac zugeben, über die Schnepfen gießen.

Speck würfeln und braten. Die Champignons in der Hälfte der restlichen Butter braten, in der anderen Hälfte 1 EL Zucker auflösen und die Schalotten darin karamelisieren. Die Beilagen mit den Schnepfen auf einer Platte anrichten.

Abenteuer in Frankreichs Provinzen

Von Genf aus bricht Casanova im Jahre 1760 in den Süden auf, nach Rom und Neapel soll seine Reise führen. In Aix-en-Savoie, dem heutigen Aix-les-Bains, macht er Station und läßt sich von der schönen Madame Z. dazu verführen, einige Tage in dem Kurort zu bleiben. Hier hat er ein seltsames Abenteuer; er begegnet einer Nonne, die er aufgrund der verblüffenden Ähnlichkeit für seine frühere Geliebte M. M. hält und die auch denselben Klosternamen trägt. Unter dem Vorwand, aus gesundheitlichen Gründen die Mineralquellen aufzusuchen, war sie nach Aix gekommen, in Wirklichkeit aber erwartet sie ein Kind. Casanova verliebt sich in die Nonne und bezahlt die Bäuerin, bei der M. M. untergebracht ist, damit sie für alles Notwendige sorgt und sich auch um den Jungen, den die Nonne zur Welt bringt, kümmert. Jeden Abend kommt Casanova, um mit M. M. zu speisen:

Die Weine waren sehr gut und die Speisen köstlich, weil es keine verfälschten Gerichte waren. Es gab Wild, Braten, herrlichen Fisch und hervorragenden Käse. Ich verbrachte anderthalb Stunden damit, mir dies alles gut schmecken zu lassen, trank dazu zwei Flaschen Wein und plauderte mit meiner Nonne, die sehr wenig aß. Ich war ganz in Feuer.

Und der ausgezeichnete weiße Landwein bewirkt bei der Nonne, die an Wein nicht gewöhnt ist, *eine Lustigkeit, die die erklärte Feindin der Enthaltsamkeit ist* – und so wird auch die zweite M. M. Casanovas Geliebte.

Als sie wieder in ihr Kloster nach Chambery zurückkehren muß, reist Casanova nach Grenoble weiter. Er mietet ein Haus und hat Glück: Sein Hausmeister ist auch ein ausgezeichneter Koch, und seine beiden *zum Anbeißen hübschen* Töchter Rose und Manon bedienen bei Tisch. Casanova lobt seinen Koch: *Sie verdienen, der erste Koch Ludwigs XV. zu sein.* Denn er serviert ein Essen, das ganz nach Casanovas Geschmack ist – fünfzehn Vorgerichte, die von Casanova so geliebten französischen Vorspeisen, bei fünf Gängen. Dazu ausgezeichnete Weine und den köstlichen Likör von Grenoble, der aus Kirschsaft, Branntwein, Zucker und Zimt besteht.

Die beiden Mädchen und ihre ebenso reizende Cousine wechseln sich darin ab, Casanova jeden Morgen eine Tasse Schokolade ans Bett zu bringen – und sind auch sonst sehr entgegenkommend. Vor seiner Abreise speist Casanova mit den drei Mädchen zu Abend; er war *der Geheimnistuerei müde und wollte sie alle zusammen besitzen.* Nach dem leckeren Souper, *vom Wein angeheitert*, gelangt Casanova auch ans Ziel: *vier oder fünf Stunden lang schwelgten wir in allen Genüssen der Sinnenlust.*

Diese Zeit in Frankreich hat Casanova im Rückblick als *vollständig glücklich* bezeichnet: er ist gesund, in der Blüte seiner Jahre, reich an Lebenserfahrung und im Augenblick auch an Geld, hat Glück im Spiel und Erfolg bei den Frauen.

Als er seine Reise in den Süden fortsetzt, wird Marseille seine nächste Station:

Die Küche ist in Marseille hervorragend, abgesehen vom Geflügel, das nichts taugt; aber man kann darauf verzichten. Allerdings muß man einen Geschmack für Knoblauch haben, den man in alle Gerichte gibt, um sie würziger zu machen.

Casanova ist kein Freund von Knoblauch. Er schätzt zwar seine medizinische Eigenschaft – *daß es den Appetit belebt, indem es einem geschwächten Magen Spannkraft gibt* –, doch den Knoblauchgeruch findet er so störend, daß er einer seiner Geliebten, der Bauerntochter Genoveva, sogar verbietet, Knoblauch zu essen.

Da der Fisch, wie Casanova weiß, in Marseille *köstlicher ist als der aus dem Atlantik und dem Adriatischen Meer*, bestellt er in seinem Gasthof Fastenspeisen und bekommt Köstliches serviert:

Die Barben, die man dort ißt – man nennt sie in Venedig »barboni« und in der Toscana »triglie« –, sind einzigartig. Die Franzosen nennen sie »rougets«, wahrscheinlich weil ihr Kopf und ihre Flossen rot sind.

Auch bei späteren Reisen durch den Süden Frankreichs, als er von Spanien kommend über Narbonne, Béziers und

Illustration von Julius Nisle zu Giacomo Casanovas Memoiren

Lucie

Montpellier nach Aix-en-Provence reist, hat Casanova sich begeistert über die Küche des Landes geäußert. So findet er in Béziers nicht nur das weibliche Geschlecht sehr schön, sondern auch das Essen ausgezeichnet: – *egal ob es sich um Fleisch oder um Fastenspeisen handelt. Die Weine sind vorzüglich und von den oft so verwünschten Weinhändlern keineswegs verdünnt worden.* Auch sein Urteil über Montpellier ist voll des Lobes: *Nirgendwo in Frankreich ißt man besser als in Mont-pellier.* Und in Aix-en-Provence, wo er im Jahre 1769 bei Marquis d'Argens speist, wird ihm eine köstliche Fleisch-pastete in Erinnerung bleiben, eine *Crostata*, wie man sie in Italien nennt, gefüllt mit *göttlichen Leckereien*, mit *Fleisch-stückchen, Kalbsmilch, Champignons, Artischockenböden, Gänseleber*.

Bei seinem Aufenthalt in Marseille im Jahre 1760 kommt auch die Liebe nicht zu kurz, denn: *Es gibt in ganz Frankreich keine Stadt, wo die Kurtisanen so ausschweifend sind wie in Mar-seille.* Gleich am ersten Abend läßt Casanova sich von einer dieser Schönen zum Souper einladen. Doch die junge Zofe Rosalie, die er dort trifft, erregt sein Interesse mehr als die Dame des Hauses. Als er erfährt, daß die Fünf-zehnjährige von ihrer Mutter wegen eines Fehltritts – sie hat mit ihrem Verlobten eine Nacht verbracht – auf die Straße gesetzt wurde, nimmt Casanova sich ihrer an. Er besorgt ihr eine Unterkunft, stattet sie mit Garderobe aus und überhäuft sie mit Geschenken. Denn er hat sich in Rosalie verliebt und kann kaum die Stunde des ersten ge-meinsamen Abendessens erwarten:

Wir hatten ein köstliches Abendessen. [...] Ich aß Tintenfische, so-
genannte »Sipions«, die ich ausgezeichnet fand, dann Leber vom Aal
und Krabben, köstlicher als die aus dem Atlantik; ich schlemmte wie
Apicius und war traurig, daß Rosalie nichts aß. Ich fragte sie, ob sie
den Fehler habe, kein Leckermaul zu sein.

Doch Rosalie versichert, kein Mensch habe einen besseren Appetit als sie, nur der Streit mit ihrer Mutter be-
trübe sie. Und der alte Wirt, der sich erkundigt, ob Casanova mit dem Essen zufrieden sei, beruhigt ihn: *Sie wird*
guten Appetit im Bett haben. Und er hat recht, Casanova verbringt eine *köstliche Nacht* mit Rosalie. Und:

Die zweite Nacht, die ich mit dem schönen Mädchen verbrachte,
war noch viel süßer als die erste; denn da sie mit gutem Appetit gegess-
sen und herzhaft, wenn auch mit Maß, getrunken hatte, so war sie viel
empfänglicher für Verfeinerungen des Genusses und ergab sich mit
größerem Feuer allen Wollüsten, die die Liebe eingibt und ausführt.

Als Casanova abreist, nimmt er Rosalie mit – nach Tou-
lon, Antibes, Nizza und schließlich nach Genua. Dort
taucht ihr erster Liebhaber, der Genueser Kaufmann Paretti,
wieder auf, und als sich herausstellt, daß er ein Paten-
sohn des Marchese Grimaldi ist, den Casanova aus Venedig
kennt, verzichtet er, wenn auch
schweren Herzens, auf
Rosalie.

Illustration von Julius Nisle zu Giacomo Casanovas Memoiren

Christine

Crostata

Zutaten:	200 g Kalbsschnitzel
	100 g Hühnerfleisch
	1 Kalbsbries
	1/2 Tasse Rotweinessig
	1/2 Tasse Olivenöl
	Salz, Pfeffer
	Thymian, Petersilie
	1 Zwiebel
	500 g Kalbfleisch
	100 g roher Schinken
	1/8 l Kalbfleischbrühe
	1 Markknochen
	4 Eier
	30 g Butter
	2 Scheiben Weißbrot
	2 EL Cognac
	250 g Gänseleber
	60 g Champignons
	4 Artischockenböden
	1 EL Semmelbrösel
	100 g gekochter Schinken
Blätterteig	(aus 250 g Mehl, 1/8 l Wasser, 250 g Butter, Salz)

Aus Öl, Essig, Salz, Pfeffer, Thymian, Petersilie und Zwiebel eine Marinade bereiten. Schnitzel- und Hühnerfleisch und das kurz gekochte Bries in dünne Streifen schneiden und in der Marinade ziehen lassen.

Zwei Farcen herstellen: Eine aus durchgedrehtem Kalbfleisch, rohem Schinken, in der Brühe eingeweichtem Brot, 3 geschlagenen Eiern, Cognac, Salz und Pfeffer.

Die andere aus gehackter Gänseleber, pochiertem Mark, gehackten Champignons und Artischockenböden, Ei, Semmelbrösel, Salz, Pfeffer.

Den Blätterteig zu zwei Rechtecken ausrollen, etwas Teig beiseitelegen. Auf ein Teigrechteck eine Lage der ersten Farce streichen, die Hälfte des marinierten Fleisches und den gekochten Schinken. Darauf die zweite Farce und den Rest des marinierten Fleisches legen, Butterflöckchen darauf, den Rest der ersten Farce darauf verteilen und mit dem zweiten Teigrechteck bedecken. Aus dem restlichen Teig einen Rand formen und mit Wasser um die Pastete kleben. In die obere Teigplatte zwei runde Öffnungen (2 cm Durchmesser) schneiden. Die Crostata im vorgeheizten Backofen ca. 1 Stunde bei mittlerer Hitze backen.

Tintenfisch mit Erbsen

Zutaten: 500 g Tintenfische
5 EL Olivenöl
1 Knoblauchzehe
1 Bund Petersilie
1 kleine Zwiebel
500 g frische Erbsen
1 dl trockener Weißwein
Salz, Pfeffer

Tintenfische putzen und in Ringe schneiden. 4 EL Öl erhitzen. Den Knoblauch über die gehackte Petersilie pressen und beides gut mischen. Die Hälfte im Öl kurz andünsten, mit dem Weißwein ablöschen. Tintenfischringe zufügen, salzen und pfeffern. Langsam 1 Stunde kochen. Restliches Öl erwärmen und darin die in dünne Scheiben geschnittene Zwiebel andünsten. Erbsen enthülsen, zu den Zwiebeln geben, salzen, 2–3 EL Wasser zufügen und ca. 15 Minuten dünsten. Sobald Tintenfische und Erbsen gar sind, beides mischen und die restliche Petersilie darunterziehen.

Weinempfehlung: Frascati

Seebarben mit Oliven

Zutaten:
2 Seebarben
6 schwarze Oliven
1 EL Kapern
3 EL Butter
2 EL Olivenöl
1 EL Zitronensaft
Oregano, Petersilie
Salz, Pfeffer

Kapern und Oliven kleinhacken und in 1 EL Butter anbraten, mit Zitronensaft und Petersilie abschmecken.

Die Fische salzen und pfeffern. In einer feuerfesten Form Butter und Öl zerlassen, Oregano einstreuen, die Fische darin wälzen und im vorgeheizten Ofen ca. 20 Minuten garen, zwischendurch mit dem Fett begießen.

Weinempfehlung: Soave

Lebenswende in London

Im Juni des Jahres 1763 trifft Casanova in London ein:

Nichts ist auf der Insel England wie auf dem Kontinent. Das Meer, es ist ja der Ozean, ist ungewöhnlich; denn es gibt Ebbe und Flut. Das Wasser der Themse hat einen Geschmack, den man bei keinem anderen Flusse antrifft. Das Hornvieh, die Fische, alles, was man ißt, schmeckt anders, als man es gewohnt ist; die Pferde sind sogar anders gebaut, und die Menschen haben einen besonderen Charakter, den man nur bei dieser Nation findet. Sie glauben auch, daß sie allen anderen Völkern überlegen sind. Diese Einbildung haftet allen Nationen an.

Er mietet ein Haus in bester Lage der Stadt und findet einen englischen Koch, der auch französisch spricht und mit dem Casanova sehr zufrieden ist: *außer den Lieblingsgerichten der Engländer, die er mir jeden Tag vorsetzte, wußte er auch Hühnchen und herrliche französische Ragouts zuzubereiten. Und Austern – in der Zubereitung dieses Gerichtes war mein Koch einzig in seiner Art.*

Doch Casanova muß diese Köstlichkeiten alleine genießen, denn:

Man kann in London wohl einen Herrn der guten Gesellschaft ins

Speisehaus einladen; er bezahlt dann, so will es der Brauch, seinen
eigenen Anteil. Aber man kann ihn nicht in sein Haus einladen.

Da die englischen Adeligen, die regelmäßig einen Teil des Jahres in London verbringen und ihr Landhaus für diese Zeit mit einer Stadtwohnung vertauschen, hier selten so gut eingerichtet sind wie Casanova, speisen sie in der Schenke. Diese *taverns*, die ursprünglich ein Ort waren, an dem man sich traf, um Wein zu trinken, im Gegensatz zum *ale-house*, wo nur Bier ausgeschenkt wurde, kann man am ehesten mit den späteren Restaurants vergleichen. Viele dieser Schenken waren Treffpunkte der Gesellschaft und auch bekannt für ihre Küche. Während die Wirtshäuser üblicherweise nur dem Reisenden, der dort übernachtete, Verpflegung boten und es nur ein bestimmtes Menü oder eine *table d'hôte* – die Wirtstafel – gab, konnte man in den *taverns* unter einer Vielzahl von englischen und auch französischen Gerichten wählen.

In manchen dieser *taverns* – sie waren durch einen Stern gekennzeichnet, der die gleiche Bedeutung hatte wie die rote Laterne an einem Bordell – konnte man auch Séparées benutzen, und der Wirt vermittelte Freudenmädchen, die in Sänften herbeigeholt wurden. Auch Casanova hat auch über seine Erlebnisse in diesen *taverns* berichtet.

Doch vom Essen in den Wirtshäusern ist Casanova nicht besonders angetan:

Ich spreche nicht Englisch, ich liebe die Suppe, französische Vorspei-

sen, und ich trinke gerne guten Wein. Dies sind Gründe genug, um ihre Wirtshäuser zu meiden.

Vor allem seine heißgeliebten Suppen fehlen ihm, denn die gibt es in England nur für Kranke. Casanova hat die englische Küche sehr zutreffend beschrieben:

Der Engländer ißt hauptsächlich Hammelfleisch; Brot ißt er fast gar nicht, und er behauptet, sparsam zu sein, weil er keine Ausgaben für Suppe und Nachtisch hat — was mich zu dem Ausspruch veranlaßte, das englische Diner habe keinen Anfang und kein Ende. Suppe zu essen wird für eine große Verschwendung angesehen, weil nicht einmal die Dienstboten das Suppenfleisch würden essen wollen, aus dem man die Brühe kocht. Sie behaupten, mit dem Kochfleisch könne man nur die Hunde füttern. Allerdings schmeckt das gesalzene Rindfleisch, das sie anstatt der Suppe essen, ganz ausgezeichnet. Anders ist es mit ihrem Bier; es war mir unmöglich, mich an dieses zu gewöhnen, ich mußte nach acht Tagen damit aufhören. Denn es erschien mir unerträglich bitter. Übrigens fand ich es vielleicht nur deshalb so schlecht, weil mein Weinhändler, den mir Bosanquet vermittelt hatte, mir ganz ausgezeichnete französische Weine lieferte.

Und in der Tat, die Briten waren für ihre Küche nicht gerade berühmt. Adelige, die auf eine feine Tafel Wert legten, engagierten französische Köche. Selbst in den besseren Häusern gab es jeden Sonntag Roastbeef, der Rest des Bratens wurde die Woche über aufgewärmt. Neben Puddings und Pies, den Schüsselpasteten von ungeheurer Größe, die, wie ein Zeitgenosse es formulierte, ganzen Vögelscharen zum Grabmal dienten, blieben weiterhin die

William Hogarth *Die Orgie*

großen Fleischstücke Mittelpunkt der Mahlzeit; man war der Überzeugung, die hohe Qualität des Fleisches erfordere keine besondere Zubereitungsart. War die Küche, im Gegensatz zur extravaganten französischen, eher sparsam, so wurde den Getränken mehr Aufmerksamkeit gewidmet – hier wurde nicht gespart.

Grimod de la Reynière, Frankreichs Lehrmeister der Feinschmeckerei, hat die traditionelle Meinung der Franzosen über die englische Küche formuliert:

England ist noch nie für seine ragoûts berühmt gewesen, und ein Feinschmecker würde wohl kaum die Gefahren der Kanalüberquerung auf sich nehmen, um gebratenes oder geröstetes Fleisch zu sich zu nehmen. [...] Die englische Küche beschränkt sich auf gekochtes Huhn, eine fade Angelegenheit, und auf etwas, was sie Plump Pudding nennen.

So kann man verstehen, daß Casanova es vorzieht, zu Hause zu speisen. Doch wenn sein Koch auch vorzüglich ist: es behagt ihm nicht, alleine zu essen. Und wenn er auch in adeligen Kreisen viele Bekanntschaften geschlossen hat, seinem Vergnügen im Theater und in den Badehäusern, den *bagnios*, die eigentlich Bordelle sind, nachgeht, er sehnt sich nach einer Geliebten:

Trotz aller dieser Vergnügungen langweilte ich mich, weil ich meine gute Tafel und mein Bett nicht mit einer lieben Freundin teilte.

Und so beschließt Casanova, ein Inserat in die Zeitung zu setzen, um eine Untermieterin zu finden. Von den vielen Interessenten entscheidet er sich für die junge Portugiesin Pauline. Da er ihr für wenig Geld die Wohnung und seinen Koch zur Verfügung stellt, will Pauline sich erkenntlich zeigen:

Sie können dies tun, Madame, indem Sie sich den Zwang auferlegen und mir die Ehre erweisen, bei Tisch mir Gesellschaft zu leisten, sooft niemand bei mir speist; denn wenn ich allein bin, esse ich wie ein Wolf, und darunter leidet meine Gesundheit.

Pauline nimmt seine Einladung an, doch damit gibt Casanova sich nicht zufrieden: Nicht nur seinen Tisch, auch sein Bett will er mit ihr teilen. Seine Liebe wächst von Tag zu Tag, er verliert *Ruhe, Schlaf und Appetit.* Es bedarf vieler Anläufe, doch am Ende kapituliert die schöne Portugiesin. Einige Monate leben sie wie Mann und Frau zusammen, doch dann muß Pauline, die mit einem portugiesischen Grafen verlobt ist, nach Hause zurückkehren.

Nach ihrer Abreise folgt für Casanova ein Abenteuer der unangenehmen Art. Die Dirne Marianne Charpillon hält den großen Liebhaber wochenlang zum Narren. Er verschwendet Unsummen für sie und ihre Familie, läßt sich mit immer neuen Versprechungen hinhalten, ohne ans Ziel seiner Wünsche zu gelangen.

Nach dieser demütigenden Erfahrung ist Casanova in so schlechter Verfassung, daß er weder essen noch schlafen kann und sich todkrank fühlt. Als ein Freund ihn zu einem Essen mit zwei reizenden Mädchen in das *Cannon Coffee House* einlädt, läßt er sich nur widerwillig dazu überreden. Denn ein Mensch, der drei Tage nicht gegessen und geschlafen hat, ist wenig empfänglich für die *Versuchungen der Venus*:

Wir hatten ein Essen nach englischer Art, das heißt ohne Suppe. Ich konnte weder vom Roastbeef noch vom Pudding etwas hinunterkriegen. Ich nahm nur einige Austern und trank von dem köstlichen weißen Bordeaux.

Doch auch auf Bacchus' Hilfe kann Casanova an diesem Abend nicht rechnen, es dauert einige Wochen, bis er sich von dem unangenehmen Abenteuer mit der Charpillon erholt. Seine Stimmung bessert sich erst, als er im Theater alte Bekannte aus Bern trifft, Monsieur und Madame M. F. mit ihrer reizenden Tochter Sarah, die Casanova bereits bei seinem Besuch in der Schweiz sehr reizvoll fand.

Casanova lädt die Familie zum Essen ein. Er bestellt grüne Austern — französische Austern aus der Charente, die man, damit ihre Schalen besonders grün werden, einige Wochen in ein sehr flaches Wasserbecken setzt:

Ich war überrascht, als man uns sogar einen jungen Hasen, in London eine große Delikatesse, die gewöhnlich nur auf die Tafel vornehmer Herren kommt, die eifersüchtig auf ihre Jagdreviere aufpassen, brachte. Champagner und Liköre flossen in Strömen; es gab Lerchen, Krammetsvögel, Trüffeln, eingemachte Früchte. Es war an nichts gespart worden.

Casanova ist verliebt, und als er die schöne Schweizerin in seiner Kutsche nach Hause bringt:

Selige Wonnen. Freude auf beiden Seiten, als wir auf ein ungemachtes Bett sanken und sofort ineinander verschmolzen.

Doch die Familie reist bald darauf nach Bern zurück. Und als Casanova einige Zeit später eine Dame aus Hannover und ihre fünf Töchter kennenlernt, die in Geldschwierigkeiten sind, zeigt sich, daß die unerfreuliche Begegnung mit der Charpillon für Casanova eine Lehre war. Er bietet zwar seine Hilfe an, aber nur unter einer Bedingung: die Mädchen müssen sich zuvor erkenntlich zeigen. Um ihre Mutter vor dem Schuldgefängnis zu bewahren, gehen sie darauf ein – und Casanova wird nicht enttäuscht:

Die fünf Mädchen waren gleichsam fünf leckere Gerichte, die ein Feinschmecker sich nach und nach leistet; meinem guten Appetit verdankte ich es, daß das letzte Gericht mir immer am besten mundete.

Doch allmählich werden seine finanziellen Mittel knapp. Zudem nimmt er für eine Spielschuld einen ungedeckten Wechsel an und läuft Gefahr, dafür – wie es in England zu dieser Zeit üblich war – gehängt zu werden. Und zu allem Überfluß hat er wieder einmal mit einer jener delikaten Krankheiten zu kämpfen. So bleibt ihm keine Wahl – er muß aus London fliehen.

Im Rückblick auf die dort verbrachten stürmischen und auch enttäuschenden neun Monate hat Casanova seinen Besuch in England als einen Wendepunkt bezeichnet, als Schluß des ersten Akts seines Lebens.

Illustration von Julius Nisle zu Giacomo Casanovas Memoiren

Cecilie

Hammelkeule

Zutaten: 1 Hammelkeule (ca. 1 kg)
einige Blätter getrocknete Minze
100 g geräucherter Speck
400 g kleine Kartoffeln
300 g Möhren
Salz, Pfeffer
1/2 l Bouillon

Die gewaschene, abgetrocknete Keule mit den Pfefferminz-
blättern kräftig einreiben und in ein mit Essig getränktes Tuch
wickeln. Über Nacht liegen lassen. Am nächsten Tag eine Bra-
tenform mit den dünn geschnittenen Speckscheiben auslegen,
das leicht gesalzene Fleisch darauflegen, ringsherum die geschälten Kartoffeln und die ganzen Möhren. Salz und Pfeffer
darüberstreuen. Bei mittlerer Hitze ca. 2 Stunden im Backofen
garen, immer wieder mit etwas Fleischbrühe begießen.
Weinempfehlung: Roter Bandol

Geschmorter Hase

Zutaten: 600 g Hasenteile
1 Zwiebel
Salz, Pfeffer
Petersilie
je 1 Zweig Thymian, Majoran, Salbei
3/8 l Brühe
1/8 l Rotwein
1 Anchovisfilet
40 g Butter

Hasenteile säubern, mit den Kräutern und der feingehack-
ten Zwiebel in einen Topf geben, salzen, pfeffern und die
Brühe zugießen. Langsam erhitzen und ca. 60 Minuten
schmoren lassen; Rotwein zufügen und weitere 60 Minuten
im geschlossenen Topf schmoren. Kräuter und Knochen
herausnehmen, die mit dem Anchovisfilet vermischte Butter
unterrühren und servieren.

Laut Originalrezept aus dem 18. Jahrhundert wird ein Hase
6–7 Stunden geschmort. Nach dieser Zeit werden die Knochen entfernt und 250 g Butter zugegeben.

Plumpudding
(12 Portionen)

Trockene Zutaten:	*Nasse* Zutaten:
270 g Mehl	1/4 l Ale
3 gestr. TL Kuchengewürz	1/4 l Stout
1/2 TL Zimt	1/8 l Rum
3/4 Tasse brauner Zucker	3 EL Sirup oder Ahornsirup
2 1/2 Tassen Brösel	2 Zitronen
250 g geschabtes Nierenfett	6 Eier
3 Tassen Rosinen	
1 1/2 Tassen Sultaninen	
1 1/2 Tassen Korinthen	
1 Tasse gehackte kandierte Orangen- und Zitronenschale	
1/2 Tasse geschälte gehackte Mandeln	
3/4 Tasse feingehackte Mandeln	

Zuerst die trockenen Zutaten in der angegebenen Reihenfolge gut vermischen, dann in einer zweiten Schüssel die nassen Zutaten verrühren. Die Schale der Zitronen wird, bevor man sie auspreßt, über den trockenen Zutaten abgerieben. Eier gut abrühren, Sirup etwas erwärmen. Nun die trockenen mit den nassen Zutaten vermischen und kräftig rühren. Die Masse in einer gebutterten Form garen oder in ein bemehltes Tuch binden und in einem Topf mit kochendem Wasser ca. 5 Stunden garen.

Roastbeef und Yorkshire-Pudding
(für 4 Personen)

1 kg Roastbeef pfeffern. Im vorgeheizten Ofen bei 225 Grad auf mittlerer Einschubleiste ca. 30 Minuten braten. Erst nach dem Ende der Bratzeit salzen. Aus dem Ofen nehmen, in Alufolie wickeln und 20 Minuten ruhen lassen.

Zutaten für den Pudding: 125 g Mehl
1/8 l Milch
4 Eier
Salz
30 g Rindertalg
oder Schweineschmalz

Mehl, Salz und Eier vermischen, unter Rühren die Milch dazugießen. 10 Minuten schlagen, bis sich Blasen bilden. 30 Minuten zugedeckt ruhen lassen. Das Fett in einer Auflaufform erhitzen, den Teig einfüllen und im vorgeheizten Ofen bei 220 Grad ca. 35 Minuten backen.

Besonders gut schmeckt er, wenn man ihn unter dem Rost bäckt, auf dem der Braten liegt. Der Bratensaft, der auf den Kuchen tropft, gibt ihm einen besonderen Geschmack.

Weinempfehlung: Roter Bordeaux

Am Hofe der Zarin

Als Casanova im Dezember des Jahres 1764 in Petersburg eintrifft, findet am Hofe der Zarin Katharina ein Maskenball statt; fünftausend Personen sind zu dem Fest eingeladen, das sechzig Stunden dauern soll.

Ich fand Büfetts, die mit Eßwaren und Getränken beladen waren und wo ein jeder, der Hunger oder Durst hatte, nach Herzenslust aß oder trank. Freude und Freizügigkeit herrschten überall.

Seit der Regierungszeit von Peter dem Großen, der versuchte, Rußland der westeuropäischen Kultur zu öffnen, setzten sich europäische Gepflogenheiten in allen Lebensbereichen durch. Die Reichen brachten ausländische Köche mit, seit der Mitte des 18. Jahrhunderts waren es vor allem französische Köche. Damit trennt sich die Küche des Adels endgültig von der des einfachen Volkes. Hier waren Schwarzbrot und Suppen, vor allem Schtschi (Kohlsuppen), die Grundlage der Tafel.

In Petersburg kauft Casanova für hundert Rubel, die er an ihren Vater bezahlt, eine dreizehnjährige Bauerntochter; er nennt sie Zaira – wie die Sklavin des Sultans in Voltaires gleichnamiger Tragödie. Sie wird seine Dienerin und natürlich auch seine – sehr eifersüchtige – Geliebte. So kann er auch seinen Diener, der sich jeden Tag mit Branntwein betrinkt – *diesem Laster frönt das ganze Volk* –, entlassen.

Die Trinkfestigkeit der Russen ist es, die Casanova besonders auffällt, und Ausländer haben es schwer, hier mitzuhalten. Diese Erfahrung muß auch, bei einer Einladung bei General Orlow, der Tischnachbar Casanovas, der französische Gesandtschaftssekretär, machen:

Er wollte einmal auf russische Art trinken, und da er den Ungarwein für ebenso unschuldig wie den leichten Champagner hielt, trank er so wacker, daß er nach Tisch nicht mehr auf den Beinen stehen konnte. Graf Orlow kurierte ihn, indem er ihn weitertrinken ließ, bis er sich erbrach und man ihn dann besinnungslos wegtragen konnte. Bei diesem heiteren Mahl bekam ich einen Begriff von den Gebräuchen des Landes. [...] Da ich kein Russisch verstand, so erklärte mir Monsieur Zinowiew, der neben mir saß, alle Trinksprüche der Gäste, die jedesmal mit donnerndem Beifall begrüßt wurden. Man glänzte mit dem Glas in der Hand, indem man ihn auf die Gesundheit von irgend jemand ausbrachte, und dieser glänzte dann wieder, wenn er darauf antwortete.

Casanova nimmt Zaira mit, als er nach Moskau reist, in die Stadt, in der er die *eigentlichen Russen* findet, denn: *Bei Hofe sind sie ganz anders, als die Natur sie geschaffen hat.*

Auch die Frauen findet Casanova hübscher als in Petersburg, sanft und leicht zugänglich. Vor allem die Gastfreundschaft der Moskauer fällt ihm auf:

Das Essen fand ich sehr reichlich, aber es ist nicht lecker zubereitet. Ihre Tafel ist stets für alle ihre Freunde gedeckt; ein Freund bringt ohne alle Umstände fünf oder sechs Menschen zum Essen mit, manchmal sogar erst gegen Ende der Mahlzeit. Es kommt nicht vor, daß ein Russe sagt: »Wir haben schon gegessen. Sie kommen zu spät.« Solche Worte auszusprechen, bringen sie nicht übers Herz. Mag der Koch sehen, wie er fertig wird, das Essen fängt einfach wieder von neuem an; der Herr oder die Herrin bewirten die Gäste. Sie haben ein köstliches Getränk, dessen Namen ich vergessen habe, es ist aber weit besser, als der Scherbet, den man in Konstantinopel bei allen großen Herren trinkt. Der Dienerschaft, die überall sehr zahlreich ist, gibt man kein Wasser zu trinken, sondern ein leichtes, angenehm schmeckendes und nahrhaftes Getränk, das auch sehr billig ist; denn für einen Rubel macht man ein großes Faß voll.

Das nahrhafte Getränk ist *Kwass*, ein aus vergorenen Brotresten hergestelltes bierähnliches Gebräu, das neben Honigwein, Bier und vor allem Wodka russisches Nationalgetränk war.

Auch in Rußland hat Casanova mit seinen Bemühungen um eine angemessene Anstellung bei Hofe keinen Erfolg, und so zieht er weiter nach Polen:

Kurz vor meiner Abreise gab ich allen meinen Freunden ein Festmahl in Katharinenhof mit einem schönen Feuerwerk, das mich nichts kostete, denn es war ein Geschenk meines Freundes Melissino. Mein Abendessen an einer Tafel mit dreißig Gedecken war auserlesen und mein Ball glänzend.

In Warschau gewinnt er zwar die Gunst von König Sta-

nislaus II., doch ein Duell mit dem Grafen Branicki führt
dazu, daß ihn der Hof boykottiert und er die Stadt verlassen muß. Glück im Unglück: Seine Majestät übergibt
ihm tausend Dukaten, damit Casanova seine Gläubiger
zufriedenstellen und seine Weiterreise nach
Dresden und Wien finanzieren
kann.

Gebratene Schnepfen

Zutaten:
2 Schnepfen
2 Scheiben fetter Speck
20 g Butter
2 Schalotten
1 Knoblauchzehe
2 Scheiben Weißbrot
2 cl Weinbrand
1 Eigelb
1/16 l Weißwein
1 EL geriebener Parmesan
Thymian
Salz
Pfeffer
Cayennepfeffer

Schnepfen rupfen, Kropf, Speise- und Luftröhre, Augen und Krallen entfernen. Eingeweide drinnen lassen. Schnepfen absengen, kalt abspülen und trocknen. Kopf, Schenkel und Flügel am Körper befestigen, salzen, pfeffern. Speckscheiben über der Brust festbinden. Schnepfen in erhitzter Butter im vorgeheizten Ofen ca. 25 Minuten braten, zwischendurch wenden. Aus dem Ofen nehmen, Speckscheiben ablösen, fein hacken und in einer Pfanne auslassen, gewürfelte Schalotten und Knoblauch darin glasig dünsten. Eingeweide aus den Schnepfen nehmen, Magen entfernen, Schnepfen warmstellen. Eingeweide hacken und zu den Schalotten geben, mit Salz, Thymian, Cayennepfeffer würzen, Weinbrand zugeben. Masse in einer Schüssel mit Eigelb und etwas Käse verrühren. Farce auf die Weißbrotscheiben streichen, mit

131

dem restlichen Käse bestreuen und unter dem Grill kurz überbacken.

Den Bratensatz mit Weißwein löschen und etwas einkochen lassen. Die Schnepfen mit den Weißbrotscheiben servieren.

Jean Baptiste Pater *Die Geflügelpyramide*

Spanische Sinnenfreuden

Im Jahre 1767 wird Casanova unter dem Vorwand, er hätte den Neffen der Marquise d'Urfé beleidigt und bedroht, aus Frankreich ausgewiesen und macht sich auf die Reise nach Spanien. In Angoulême unterbricht er seine Fahrt, in der Hoffnung, hier den Hofkoch des Königs von Preußen, Noël, zu treffen, mit dem er in Berlin einige Male gespeist hatte:

Aber ich traf nur dessen Vater; er bewirtete mich ausgezeichnet und zeigte mir sein geradezu wunderbares Talent in der Pastetenbäckerei.

Dieses Talent, köstliche mit Trüffeln gefüllte Rebhuhn- oder Truthahnpasteten herzustellen, hat ihn reich gemacht, denn er verschickt diese Leckerbissen in ganz Europa; und auch Casanova gibt einige Bestellungen für Freunde in Venedig, Warschau und Turin auf.

Im Dezember trifft Casanova in Madrid ein. Die heilige Inquisition, ein von der Kirche eingesetztes Glaubenstribunal, spielte zur damaligen Zeit in Spanien eine beherrschende Rolle. Sie wachte über das Seelenheil der Spanier und kontrollierte das öffentliche und private Leben:

In Madrid muß ein jeder, der in einem Gasthof sich ein besonderes Zimmer geben läßt, um mit einer Frau zu speisen, darauf gefaßt sein, daß der Oberkellner beständig in diesem Zimmer weilt, um nach dem Essen beschwören zu können, daß dieser Mann und diese Frau weiter nichts anderes getan und nur gegessen und getrunken haben. Trotz dieser Verbote oder gerade deswegen herrscht in Madrid die größte Zügellosigkeit.

Für die Heuchelei, die Vorurteile und die Bigotterie der Spanier hat Casanova nur Verachtung übrig; doch er macht sich auch ein wenig lustig über die moralische Strenge und das verlogene Schamgefühl:

Wenn eine Kurtisane den wollüstigen Wünschen ihres Geliebten nachgibt, wird sie zuerst das Kruzifix mit einem Taschentuch bedecken und die Heiligenbilder zur Wand drehen.

Trotzdem weiß Casanova, sich auf angenehme Weise die Zeit zu vertreiben. Besonders die Maskenbälle begeistern ihn, wo der Fandango, ein berühmter spanischer Tanz, die Szene beherrscht. Die Sinnlichkeit und Ekstase, die sich in den Bewegungen der Tänzer ausdrückt, fasziniert Casanova so, daß er Tanzunterricht nimmt. Doña Ignacia, die Tochter des Flickschusters Don Diego, wird seine Ballbegleiterin – und seine Geliebte. Ihren Widerstand zu besiegen und sie davon abzubringen, ihre Unschuld für ihren eifersüchtigen Bräutigam Don Francisco aufzubewahren, kostet ihn einige Mühe, viele Soupers und viele Flaschen des ausgezeichneten Weins aus der Mancha – einer alten spanischen Provinz südlich von

L'ÉVÉNEMENT AU BAL.

Le Bal fait plus d'une méprise ;
L'amoureux Damis à genoux
Croit baiser la main de Céphise,
Il trouve ce plaisir bien doux ;

Mais c'est à Daphné qu'il en conte .
Il l'adora pour la trahir .
Bien souvent on trouve sa honte
Où l'on croit trouver son plaisir .

J.M.E. inv. S.Freudebrg del.   Grané à Dresfore par Studer, terminé au burin par Iug.ost Sint.

A Paris chés Buldet rue de Gesvres.

Sigmund Freudenberger *L'événement au bal*

Madrid, die berühmt für ihre Weine, besonders den von Valdepeñas, ist. Und Casanova schafft es auch, das Mädchen davon abzubringen, während der Zeit, die er in Madrid ist, zur Beichte zu gehen, um für ihre *Sünde* Absolution zu erlangen und dem Beichtvater Enthaltsamkeit zu versprechen.

Casanova mietet sich im Hause Don Diegos ein, der ihm auch eine gute Köchin aus Bilbao besorgt. Als sie ihm das erste Abendessen serviert, ist er angenehm überrascht:

Hungrig stand ich auf, denn ich hatte kein Mittagessen gehabt, und sah zu meiner großen Überraschung einen kleinen Tisch, der geschmackvoll mit einer Sauberkeit gedeckt war, wie man sie in Spanien in den Häusern der Bürger selten trifft. Das Essen bewies mir, daß Don Diego ein Genie war. Diese Köchin aus Bilbao konnte es mit der besten französischen aufnehmen. Es gab fünf Gerichte, dazu »criadillas«, die ich leidenschaftlich liebte; alles war ausgezeichnet.

Criadillas waren ursprünglich ein spanisches Gericht aus Tierhoden, man bezeichnete aber auch verschiedene andere Gerichte, wie eine Spezialität aus Kartoffeln oder Brötchen, mit diesem Namen.

In Madrid hat Casanova sicher auch eines seiner Lieblingsgerichte, die *olla podrida*, gegessen – das spanische Nationalgericht, ein Eintopf aus Fleisch, Speck, weißen Bohnen, Gemüse und vielen Gewürzen, wobei die Zutaten je nach Gegend und Vorräten wechselten.

Den Spaniern verdankt Casanova auch sein *Lieblingsfrühstück*: die heiße Schokolade. Die spanischen Eroberer unter Hérnan Cortés waren es, die Anfang des 16. Jahrhunderts die Schokolade aus Mexiko mitbrachten. Den Maya und Azteken galt der Kakaobaum als heilig – eine Ursprungslegende berichtet, Waldameisen hätten Kakaobohnen aus dem Tempel der Götter gestohlen und den Indios in die Ackerfurche gelegt. Auch die botanische Fachbezeichnung *Theobroma cacao* – was soviel wie Speise der Götter bedeutet –, die der schwedische Naturforscher Carl von Linné dem Kakaobaum im 18. Jahrhundert gibt, verweist auf den göttlichen Ursprung.

In Mexiko wurde das aus den Bohnen gewonnene Pulver mit Wasser gekocht, mit Pfeffer und Vanille gewürzt und mit einem Holzquirl schaumig gerührt – das Getränk wurde *xocolatl* genannt. Bereits in der zweiten Hälfte des 17. Jahrhunderts ist es nicht nur in Spanien, das lange das Handelsmonopol hielt, sondern auch in Frankreich, Italien und Flandern groß in Mode. Durch ihren großen Nährwert war die Schokolade Nahrungsersatz während der Fastenperiode in den katholischen Ländern Spanien und Italien. Doch das klerikale Fastengetränk wandelte sich bald zum weltlichen Modegetränk – zum Statussymbol der europäischen Aristokratie.

Eine bis aufs Höchste verfeinerte Trinkkultur entwickelte sich: hohe Tassen mit ausschwingendem Rand, spezielle Kannen, die mit der für den hölzernen Quirl nötigen Deckelöffnung versehen waren, wurden angefertigt. Zeitgenössische Abbildungen dokumentieren das aristokratische Schokoladenfrühstück: vorzugsweise im Bett, die Damen zumindest im Negligé, genießt man die morgendliche Schokolade. Daß es beliebtes Motiv galanter Szenen ist, verweist auf die Verbindung von Schokolade und Erotik; und die Vorstellung von Schokolade als Aphrodisiakum hat sich bis ins 19. Jahrhundert gehalten – bis das Statussymbol des Ancien Régime zum nahrhaften Frühstücksgetränk für Kinder wurde.

Die anregende Wirkung verdankte die Schokolade vor allem den ihr zugesetzten Stimulantia wie Zimt, Ambra und besonders der Vanille: *Diese die Erektion befördernde Wirkung machte die Chocolade zum Lieblingsgetränk des sinnlich lüsternen Rokokozeitalters*, wie Aigremont schreibt. Und auch von Madame Pompadour wird berichtete, daß sie sich die Schokolade mit Ambra und dreimal so viel Vanille wie sonst servieren ließ, um ihrer eher kühlen Natur nachzuhelfen, aus Sorge, der unersättliche Ludwig XV. könne sich von ihr abwenden.

Im 17. und 18. Jahrhundert wurde die Schokolade in fester Form, abgepackt in Tafeln, gehandelt und aufgelöst in heißem Wasser oder Milch genossen.

Auch Casanova führt immer eine Kassette mit Schokoladetafeln mit sich und gibt den Mädchen, die ihm das Frühstück bereiten, genaue Anweisungen: *gut geschlagen und recht schaumig* liebt er seine Schokolade – und wird gerade in Spanien oft enttäuscht:

Die Schokolade in Spanien ist im allgemeinen schlecht und: sie wird einem überall und zu allen Stunden angeboten, und man würde sterben, wenn man sie jedesmal annähme.

Bei Doña Ignacia hat Casanova zwar Erfolg, doch seine Bemühungen, eine Anstellung zu finden, sich der Regierung nützlich zu machen, schlagen in Spanien genauso fehl wie zuvor in Rußland, Polen und Deutschland. Sein Plan, Gouverneur der Sierra Morena zu werden, scheitert. Und als er bei der Botschaft in Madrid in Ungnade fällt, bleibt ihm nichts anderes übrig, als die Stadt und auch seine Geliebte zu verlassen.

Er reist nach Valencia ab, nicht weit von der Mittelmeerküste entfernt und von dem, wie Casanova ihn nennt, *amoenum stagnum*, der Lagune Albufera, südlich der Stadt, *worin es sehr delikate Fische gibt*. Doch er behält Valencia in unangenehmer Erinnerung — wenn er auch die Frauen hier für die schönsten von ganz Spanien hält:

Unterkunft und Essen sind schlecht, zu trinken gibt es nichts, unterhalten kann man sich nicht, weil es keine Gesellschaft gibt.

Die Lokale sind schmutzig, die Weinhändler und ihre *Panscherei* sind dafür verantwortlich, daß der Wein *untrinkbar, fast wie Gift* ist. Aus diesem Grund tranken auch die Spanier, die zu Hause die besten Weine hatten, im Lokal nur Wasser.

In Valencia läßt Casanova sich auf eine gefährliche Liaison mit der Tänzerin Nina, der Geliebten des Generalkapitäns von Katalonien, ein. Er entgeht mit knapper Not einem Anschlag, wird verhaftet und, unter dem Vorwand, man müsse seine Pässe prüfen, inhaftiert. Ein kleiner Trost: die Verpflegung im Gefängnis ist gut und so reichlich, daß sie für sechs genügt hätte. Aus einem Gasthof werden ihm köstliche Gerichte, wie Hühnchen und Pasteten, und ausgezeichnete Weine in die Zelle gebracht.

Nach zweiundvierzig Tagen wird Casanova endlich entlassen – die Gültigkeit seiner Pässe hat sich bestätigt, und er kann nach Frankreich abreisen.

Olla Podrida

Zutaten: 400 g Rinderbeinscheibe
                       100 g roher Schinken am Stück
                       100 g gepökelter Speck
                       150 g Kichererbsen
                       400 g Kartoffeln
                       150 g Weißkohl
                       100 g Chorizo (Paprikawurst)
                       1 Stange Lauch
                       1 Möhre
                       1 kleine Steckrübe
                       2 Eier
                       50 g Semmelbrösel
                       Petersilie, Knoblauch, Salz, Pfeffer
                       Olivenöl

In einem großen Topf Fleisch und Schinken mit Wasser aufsetzen und zum Kochen bringen. Die am Vorabend eingeweichten Kichererbsen und Salz zugeben, auf kleiner Flamme weiterkochen. Nach 1 Stunde Speck, Lauch und Möhre zufügen und 3 Stunden weiterkochen, gegen Ende die geschälten Kartoffeln und die Paprikawurst mitkochen.

In einem anderen Topf das restliche Gemüse gardünsten und anschließend in Olivenöl mit Knoblauch anbraten.

Eier mit Petersilie, Semmelbrösel, Salz, Pfeffer, gehacktem Knoblauch vermischen und zu Klößchen formen. In der Brühe garziehen lassen.

Fleisch, Speck, Schinken, Wurst, Gemüse und Klößchen auf einer Platte anrichten. Die Brühe wird separat gereicht.

Rebhuhnpastete

Zutaten:
- 1 Rebhuhn
- 250 g Schweinefleisch
- 250 g Schweineleber
- 40 g Butter
- 5 Wacholderbeeren
- 2 EL Armagnac
- 1 Trüffel
- 250 g Speck
- Salz, Pfeffer
- Lorbeerblätter

Das vorbereitete Rebhuhn in Butter braten, entbeinen und das Fleisch zusammen mit dem Schweinefleisch und der Leber durch den Fleischwolf drehen. Mit Salz, Pfeffer, Thymian und Wacholderbeeren würzen, Armagnac und die gehackte Trüffel zufügen. Eine Pastetenform mit dünnen Speckscheiben auslegen, die Fleischmasse einfüllen, mit Lorbeerblättern garnieren und mit Speckscheiben belegen. Zugedeckt 2 Stunden im Wasserbad im Ofen garen.

Escabeche

Zutaten: 500 g Fischfilet
      5 EL Olivenöl
      1 Zwiebel
      1 Möhre
      1/8 l Weißweinessig
      1 Lorbeerblatt
      1 Knoblauchzehe
      Salz, schwarzer Pfeffer
      1 Prise Cayennepfeffer

In einer Pfanne 2 EL Olivenöl erhitzen und die Fischfilets goldbraun braten. Herausnehmen und abkühlen lassen.

In einer anderen Pfanne das restliche Olivenöl erhitzen, gehackte Zwiebel und Möhre, Essig, Lorbeerblatt, Knoblauch, Salz und Pfeffer dazu, schmoren lassen.

In eine Schüssel die Hälfte der Marinade gießen, Fischfilets einlegen, restliche Marinade darübergießen. Zugedeckt 2 Tage kaltstellen.

Rückkehr nach Italien

Alle Bemühungen, eine Anstellung zu finden, waren vergebens, und Casanova sehnt sich nach Ruhe, danach, in seine Heimatstadt zurückzukehren. Doch die Staatsinquisitoren zeigen kein Einsehen, und so muß er sein Wanderleben fortsetzen und noch einige Jahre durch Italien ziehen – die italienische Küche genießen und das schöne Geschlecht, wenn auch, wie er beklagt, *mit weniger Feuer*.

Auf seinem Weg nach Rom im Jahre 1770 nimmt er die junge Engländerin Betty in seiner Kutsche mit. Sie hat sich von einem französischen Abenteurer, der sich als Graf ausgab, entführen lassen und hofft nun, sich mit ihm in Rom zu verheiraten. Casanova, der den falschen Grafen sofort durchschaut, bietet dem Mädchen seine Hilfe an. Nicht ganz uneigennützig:

Ich wollte einem anderen das Mädchen, das ja ein köstlicher Bissen war, entreißen, um ihn selbst zu verzehren.

Bei ihrem ersten Aufenthalt in einem Gasthof kommt Casanova seine Kenntnis der englischen Küche zustatten. Er bestellt ein Mittagessen und erklärt dem Wirt, *wie man einen Plumpudding zubereitet und Rindsfilet in Scheiben auf einem*

Rost brät. Und Betty ist ganz gerührt vor Dankbarkeit, als sie ihre *Nationalgerichte* serviert bekommt:

Mit heiterer Miene wünschte sie mir Glück zu meinem ausgezeichneten Appetit. Ich veranlaßte sie, von den ausgezeichneten Weinen, einem Montepulciano und einem Montefiascone, die der Wirt uns brachte, zu trinken. Ich war berauscht, sie aber nicht, denn sie trank nur kleine Schlückchen, wenn ich ein Glas leerte.

Die Weine der Bergstadt Montepulciano in der Toskana sind seit Jahrhunderten berühmt. Der Montefiascone ist ein Muskateller aus der Stadt gleichen Namens über dem See von Bolsena. Nach einer alten Anekdote trägt der dortige Wein noch heute den Namen *Est, Est, Est.* Der Bischof Johann Fugger soll auf seinem Weg nach Rom einen Diener vorausgeschickt haben, der an die Tür der Gasthöfe mit dem besten Wein *est* – hier ist er – schrieb. Da er in Montefiascone den allerbesten fand, schrieb er *est, est, est.* Der Bischof blieb in diesem Ort. Sein Grab trägt die Inschrift: *Est, est, est! Propter nimium Est hic Joannes de Fugger dominus meus mortuus est.* (Wegen zuviel Est starb hier Johannes von Fugger, mein Herr)

Es gelingt Casanova, Betty die Augen über ihren Entführer zu öffnen, und er schafft es auch, sie mit ihrem englischen Verlobten Sir B. M. auszusöhnen, der, auf der Suche nach ihr, in der Zwischenzeit eingetroffen ist. Zuvor allerdings belohnt ihn die Engländerin mit *den köstlichsten Wonnen der Liebe.*

Casanovas Reise führt über Rom nach Neapel, wo er im *Albergo delle Crocelle* absteigt, dem besten Gasthof der

Stadt. Hier trifft er die Tänzerin Agata wieder, die in Turin seine Geliebte war. Und in ihrem Haus verliebt Casanova sich in die vierzehnjährige Callimena. Bei dem ausgezeichneten Mittagessen — *es gab Wildbret, Fische, andere Meerestiere und köstliche Weine* — hat er nur Augen für das Mädchen. Als sie ihm Hoffnungen macht, beschließt er, abzuwarten und in Neapel zu bleiben: *Ich befand mich in dem Alter, wo ein Mann sich entschließt, geduldig vorzugehen.*

Bei einem Ausflug nach Sorrent hofft er, endlich Fortschritte zu machen:

Alles in Sorrent ist hervorragend: Kräuter, Milchspeisen, Geflügel, Kalbfleisch, sogar das Mehl, es gibt dem Brot und den Pasteten einen würzigen Geschmack, den man sonst nirgendwo findet.

So ist es kein Wunder, daß er hier, nach einem köstlichen Mittagessen, ans Ziel seiner Wünsche gelangt:

… und ich verlor mich mit Callimena in den dichten Alleen, in die kein Strahl der glühenden Sonne eindringen konnte. Dort gab Callimena sich meiner feurigen Leidenschaft hin.

Auch auf der nächsten Station seiner Reise, in Salerno, wird Casanova zwei Frauen wiedertreffen, die in seinem Leben eine große Rolle spielten: Lucrezia und ihre Tochter Leonilda — ihre gemeinsame Tochter, die inzwischen die Frau des alten und sehr reichen Marchese della C. geworden war. Bereits 1761, neun Jahre zuvor, hatte sich Casanova in Neapel, ohne zu wissen, daß sie seine Tochter ist, leidenschaftlich in Leonilda verliebt und wollte sie heiraten. Und nun: *Sie war meine Tochter, aber die Natur hatte*

Gefühle eines Liebhabers in mir nicht unterdrückt. Und obwohl die beiden entschlossen sind, *die angebliche Sünde nicht zu begehen* — neun Monate später bringt Leonilda einen prächtigen Jungen zur Welt.

Casanova verbringt noch einige Tage auf dem Landgut des Marchese, der einen ausgezeichneten französischen Koch in seinen Diensten hat:

Und so gab es zum Souper Makkaroni und danach nur Vorgerichte. Der Marchese lachte laut vor Vergnügen, als er mich essen sah; zu seinem Bedauern war seine Frau eine schlechte Esserin, ihre Mutter ebenso. Von köstlichen Weinen in fröhliche Stimmung versetzt, vergnügten wir uns beim Dessert mit heiteren Gesprächen.

Französische Vorspeisen und Makkaroni, die verfeinerte französische Küche und die einfache italienische sind hier vereint. Und Casanova hat sich immer wieder begeistert auch über einfache Gerichte geäußert, nicht nur über die geliebten Makkaroni, sondern auch über das zweite Nationalgericht Italiens, die Polenta, wie etwa bei einem Aufenthalt in Rom:

Man begann zu essen und sprach nicht mehr. Die Polenta war ausgezeichnet, die Schweinsrippchen köstlich, der Schinken tadellos; in weniger als einer Stunde war der Tisch abgeräumt, als wenn gar nichts darauf gewesen wäre; aber beim Orvieto blieb die Gesellschaft fröhlich zusammen.

Casanova war der Meinung, daß *Butter, Eier, Makkaroni, Reis, Parmesan, Brot und guter Wein, den es überall in Italien gibt,* völlig ausreichen für ein gutes Menü. Und auch bei seinem Aufenthalt in San Angelo bei Mailand schwärmt

LE BOUDOIR

N'entrer pas... de vos avantages   Du moins laissez à vos ouvrages
Ne pouvez-vous de loin, à votre aise jouir   Le talent heureux d'endormir;

I.B.H. inv. J. Freudeberg del.   À Paris chez Buldet rue S. Germain   P. Melmaire Sculp 1774

Sigmund Freudenberger *Le boudoir*

Casanova so für die einfache Küche, für vortreffliche Speisen, die ohne Raffinesse zubereitet sind:

Das Essen, das Graf Ambrosio uns gab, wäre ausgezeichnet gewesen ohne seine pikanten Gerichte. Suppe, gekochtes Rindfleisch, Pökelschweinefleisch, Bratwürste, Mortadella, Milchspeisen, Gemüse, Wild, Salat, Mascarponekäse, alles war köstlich, da ihm aber sein Bruder gesagt hatte, daß ich Feinschmecker sei und an der Tafel hohe Ansprüche stelle, hatte er auch besonders raffinierte Gerichte reichen wollen, die das Schlechteste waren, was man sich vorstellen konnte. Aus Höflichkeit mußte ich davon kosten und verdarb mir den Appetit für die guten Speisen. Nach Tisch nahm ich deshalb meinen Freund beiseite und machte ihm begreiflich, daß das Essen aus einfachen Gerichten ohne raffinierte Sachen ausgezeichnet und reichhaltig sei; er brachte es seinem Bruder bei, denn seitdem speiste ich jeden Tag ganz ausgezeichnet.

Doch Casanova hält es wie sein Lieblingsschriftsteller, der römische Dichter Horaz, der eine gute Tafel schätzte, aber auch das einfache Leben pries: Wie er freimütig gestand, er liebte beides.

Bald darauf reist Casanova nach Rom zurück, wo er die nächsten Monate verbringen will. Ein Freund, der junge Schneider Marcuccio, nimmt Casanova mit, als er seine Geliebte und seine Schwester im Kloster besucht. Und Casanova entflammt für Marcuccios Schwester Armellina. Jeden Tag besucht er sie und ihre Freundin Emilia, um mit den beiden zu frühstücken. Durch die Fürsprache von de Bernis, der inzwischen Kardinal geworden ist und zu den mächtigsten Persönlichkeiten der Stadt zählt, schafft Casanova es sogar, die beiden Mädchen in die Oper und ins Theater auszuführen. Armellina ist nicht nur ein *Engel an Schönheit*, sondern auch an Tugend, und die Anstrengungen, die Casanova unternehmen muß, um sie zu erobern, sind groß.

Nach dem ersten Opernbesuch läßt Casanova den jungen Schönen ein Abendessen auftischen. Er bestellt hundert Austern und zeigt, wie man sie verspeist:

Die Austern schwammen in ihrem Meerwasser. Nachdem Armellina fünf oder sechs hinuntergeschluckt hatte, sagte sie zu ihrer Freundin, einen so köstlichen Bissen zu essen müßte eine Sünde sein.

Das Staunen der Mädchen angesichts dieser Köstlichkeiten, ihre Naivität, bereiten Casanova viel Vergnügen, doch nur seinem Geist:

Aber mein Körper wollte auch sein Vergnügen haben. Meine Liebe, die vor Hunger starb, war neidisch auf meinen Mund.

Casanova rechnet auf Bacchus, und die beiden Flaschen Champagner, die zu den Austern serviert werden, zeigen erste Wirkung: die Mädchen scheinen entflammt:

Ich ließ Zitronen, eine Flasche Rum, Zucker und eine große Schale heißes Wasser bringen, und nachdem ich die fünfzig zurückbehaltenen Austern hatte anrichten lassen, schickte ich den Kellner fort und bereitete einen guten Punsch zu, den ich dadurch verbesserte, daß ich eine Flasche Champagner hineingoß.

Doch Casanova hält sich an diesem Abend zurück, verschlingt Armellina nur mit den Augen, nicht mit Küssen. Mehr als harmlose Spielchen finden nicht statt: man ver-

Louis Leopold Boilly *Vergleich der kleinen Füße*

speist die Austern nun, indem man sie aus dem Mund des anderen nimmt.

Das nächste Treffen bereitet Casanova sorgfältig vor. Er bestellt im Gasthof zwei Zimmer – auf ein breites Sofa legt er größten Wert –, befiehlt, ein Feuer anzuzünden und die besten Speisen, die man in Rom beschaffen könne, aufzutragen:

Nachdem Austern und Champagner uns in eine heitere Stimmung versetzt hatten, aßen wir köstlich zu Abend. Man gab uns unter anderem Stör und wundervolle Trüffel, denen meine schönen Gäste mit einem wollüstigen Appetit zusprachen, der mir noch mehr Vergnügen machte als das eigene Essen. […] Es schien mir unmöglich, daß Armellina sich nach dem Essen, dem Schwelgen in Austern und Punsch, meinen Wünschen versagen könnte.

Der Alkohol und die Hitze des Feuers schaffen es, daß die Mädchen, wie Casanova es vorschlägt, ihre pelzbesetzten Kleider ausziehen. Und wieder beginnt man das Spielchen, die Austern von Mund zu Mund zu essen:

Zufällig glitt eine schöne Auster, die ich Emilia in den Mund legen wollte, aus der Schale und fiel mitten in ihren Ausschnitt. Sie wollte sie herausholen, aber ich machte mein Vorrecht geltend, und sie mußte nachgeben, sich aufschnüren lassen und mir erlauben, die Auster aus der Vertiefung, wo sie liegengeblieben war, mit meinen Lippen hervorzuholen. Sie konnte es nicht verhindern, daß ich sie gänzlich entblößte, aber ich schlürfte meine Auster so geschickt, daß sie durchaus nicht auf den Verdacht kommen konnte, ich empfände dabei ein anderes Vergnügen als das, meine Auster wiederzufinden, zu kauen und zu schlucken.

Als ihm dieses *Mißgeschick* auch bei Armellina passiert, begnügt Casanova sich jedoch nicht damit, die Auster aus dem Mieder der Angebeteten zu holen:

Als ich diese endlich erhascht und geschluckt hatte, bemächtigte ich mich einer ihrer Brüste und verlangte das Wasser der Auster zurück, das darüber geflossen war, indem meine begehrlichen Lippen die Rosenknospe umschlossen und ich mich ganz der Wollust überließ, in die mich die eingebildete Milch versetzt hatte, die ich zwei oder drei Minuten lang trank. Als ich sie losließ, war sie ganz überrascht und zärtlich gestimmt, und auch ich mußte mich wiederfinden, da die Wollust mich meine Seele hatte an einer Stelle aushauchen lassen, von der sie sicher nichts ahnen konnte.

Doch auch in dieser Nacht gelangt Casanova noch nicht ans Ziel, die *höchste Gunst* gewährt Armellina ihm erst am letzten Tag des Karnevals.

Im Sommer des Jahres 1771 verläßt Casanova Rom und reist nach Florenz und Bologna:

Es gibt in Italien mehr als eine Stadt, wo sich ein sinnlicher Mann die gleichen Vergnügungen verschaffen kann, die man in Bologna findet; aber man erhält sie nirgends so billig noch so bequem noch so ungestört. Außerdem ißt und trinkt man in Bologna so gut.

Doch Casanova ist entschlossen, sich nun ganz seinen Studien zu widmen:

Ich war der Genüsse, die ich dreißig Jahre lang gekostet hatte, jetzt müde, ich beabsichtigte zwar nicht, ganz auf sie zu verzichten, aber ich wollte für die nächste Zeit nur ab und zu daran nippen.

Aber es soll anders kommen. Auf seinem Weg nach Triest nimmt Casanova einen Juden aus Ancona in seinem Wagen mit; zunächst widerwillig, da er der Überzeugung ist, daß Juden aufgrund ihrer Religion alle Nichtjuden hassen und ihnen nur schaden wollen. Als er seinen Reisegefährten zum Mittagessen einladen will, lehnt der Jude Mardochai ab:

Seine Religion verbiete es ihm und er werde daher nichts anderes essen als Eier, Obst und Gänseleberwurst; letztere habe er bei sich. Er war so abergläubisch, daß er nur Wasser trank, weil er nicht sicher war, daß der Wein rein war.

Um Casanova zu überzeugen, daß er mit seiner Meinung im Irrtum sei, will Mardochai ihm in seinem Haus ein Zimmer vermieten; und wenn er sich *mit den Speisen begnügen wolle, die Gott nicht verboten habe,* so werde er bei ihm besseres und reicheres Essen finden als in jedem Gasthof. Casanova findet die Sache höchst reizvoll und willigt ein – aber unter einer Bedingung:

Sie müssen mir alle Fische zubereiten lassen, die ich gerne habe und auf die ich vielleicht Appetit bekomme. [...] Sie werden mir jeden Tag Gänseleber vorsetzen, aber unter der Bedingung, daß Sie in meiner Gegenwart mit davon essen.

Der Aufenthalt in Ancona stimmt Casanova anfangs melancholisch – hat er doch hier vor fast dreißig Jahren begonnen, *im großen Stil das Leben zu genießen.* Und jetzt, mit seinen siebenundvierzig Jahren, fühlt Casanova sich bereits als alter Mann. Nicht nur den Liebesgenuß findet er weniger verführerisch, auch sein Appetit bei Tisch, *der einstmals von der Liebe gesteigert worden war, war jetzt geringer als in den alten Zeiten des Genießens.*

Aber dennoch: Nicht nur bei seinem ersten Aufenthalt in dieser Stadt hat er eine große Liebe, die Sängerin Teresa, gefunden, sondern auch diesmal verliebt Casanova sich *allen Ernstes* – in Lia, die Tochter Mardochais. Um Casanova zu beweisen, daß er keine Angst haben müsse, daß sein Essen vergiftet sei, teilt Lia die Tafel mit ihm:

Man setzte mir mittags Fleisch vor, das ganz nach jüdischer Art zubereitet war. Lia brachte mir selber eine herrliche Gänseleber herein und setzte sich schnell entschlossen mir gegenüber. Ihr schöner Busen war jetzt mit einem Tuch verhüllt. Die Leber war vorzüglich, sie war aber nicht groß, und so aßen wir sie ganz auf, danach befeuchteten wir sie reichlich mit Scopolowein, den Lia noch besser fand als die Leber.

Der Wein versetzt das Mädchen in heitere Stimmung – hat der Scopolo doch, wie Casanova weiß, wegen seines *Teergeschmackes und seiner harntreibenden Eigenschaft zur Liebe reizende Wirkung.* Und dennoch, Lia erlaubt ihm nicht einmal, sie zu küssen, und Casanova sieht ein, daß sie nicht leicht zu haben sein würde:

Ich sagte Lia kein Wort mehr, und als zum Nachtisch Gebäck und jüdische Kompotte aufgetragen wurden, die ich ausgezeichnet fand, schenkte ich den Muskateller aus Zypern ein, den Lia für den köstlichsten Süßwein der Welt erklärte. Da ich ihre große Vorliebe für den Wein sah, so schien es mir unmöglich zu sein, daß Venus nicht ebensoviel Macht über ihre Sinne ausübte wie Bacchus; aber ihr Verstand war stärker, der Wein entflammte ihr Blut, stieg ihr aber nicht zu Kopf.

Als Lia bei einem gemeinsamen Mittagessen voll Begierde von Casanovas Muschelgericht kostet, schöpft Casanova

LE LEVER.

Tu chasses le plus doux sommeil!
Par des songes charmans mon ame étoit flattée:
Je déesterois mon réveil,
Si tes caresses, Galathée,

En continuant mon délire,
Ne consoloient mon tendre cœur:
Est-ce plaisir, est-ce martyre?
Ah, je ne sais, mais j'aime mon erreur.

J.B.E. me S.Tremblay del.   J. Romanet Sculp 1774.

A Paris chez Buldet rue de Gesvres.

Sigmund Freudenberger *Le lever*

Hoffnung: Er glaubt, wer die Vorschriften der Religion so unbedenklich übertrete und das Vergnügen so sehr liebe, könne auch den Wonnen der Liebe nicht widerstehen.

Die jüdischen Speisevorschriften erlauben nur den Genuß von koscheren Nahrungsmitteln. Und diese Vorschriften müssen vor allem bei der Zubereitung von Fleisch eingehalten werden: Nur Fleisch ohne Blut und Fett und nur von *reinen* Säugetieren, das heißt von Wiederkäuern, deren Hufe gespalten sind, ist erlaubt – deshalb gehört Schweinefleisch auch zu den verbotenen Gerichten. Auch Muscheln zählen nicht zu den *reinen* Nahrungsmitteln; nur Wassertiere, die zugleich Schuppen und Flossen haben, gelten als rituell *rein* und dürfen gegessen werden.

Lia mißachtet aber nur die religiösen Gebote, Casanovas hartnäckiges Werben hat keinen Erfolg. Erst als er sich enttäuscht und wütend von ihr abwendet, weil er sie nachts mit einem Liebhaber überrascht hat, und als er abreisen will, und alles tut, um ihren Listen zu widerstehen, kommt Lia eines Nachts in sein Zimmer – und Casanova erliegt ihren Verführungskünsten. Und als sie ihn bittet, zu bleiben, verschiebt er seine Abreise um einen Monat.

Im November 1772 trifft Casanova in Triest ein, der letzten Station, die er in seinen Memoiren erwähnt. Im September 1774 erhält er das Begnadigungsschreiben der Staatsinquisitoren – nach achtzehn Jahren Exil kann Casanova endlich nach Venedig zurückkehren.

Geflügelpastete

Zutaten: 1 gebratenes Hähnchen
500 g Geflügelleber
1 Zwiebel
30 g Butter
1/4 l Sahne
Thymian, Koriander
Salz, Pfeffer
Portwein
Lorbeerblätter
Pistazien

Hähnchen häuten, entbeinen und in Stücke teilen. In einer Pfanne die Leber mit gehackter Zwiebel in Butter anbraten, mit Thymian, Koriander, Salz und Pfeffer würzen. Mit einem kräftigen Schuß Portwein ablöschen. Hähnchenfleisch und Leber zweimal durch den Fleischwolf drehen. Die Masse mit Sahne vermischen, abschmecken und in eine Terrine füllen. Mit Lorbeerblättern und gehackten Pistazienkernen verzieren und kühlstellen.

Zabaione

Zutaten: 50 g Zucker
3 Eigelb
2 dl Marsala

Im Wasserbad Zucker und Eigelb in einem kleinen Topf schaumig schlagen. Marsala zugeben und weiterschlagen, bis die Creme schaumig und dick wird. Sofort in hohe Gläser füllen und servieren.

Dieser Weinschaum verdankt seinen Namen einem Heiligen, dem Schutzpatron der Turiner Köche, San Giovanni Baylon. In Turin kreierte Ende des 17. Jahrhunderts ein Konditor am Hof des Herzogs Carlo Emanuele I. das Dessert *san-Baylon*, das später in *Zabaione* umbenannt wurde.

Gänseleber mit Trauben

Zutaten:
500 g Gänseleber
150 g weiße Trauben
1 Schalotte
1 Lorbeerblatt
Thymian, Petersilie
Salz, Pfeffer
2 EL Öl
1 EL Gänsefett
1/8 l Kalbsbrühe
einige Tropfen Weinessig

Enthäutete und entkernte Trauben in 1 EL Öl andünsten, Kalbsbrühe dazugeben und ca. 1/2 Stunde auf kleiner Flamme garen lassen. In einer Pfanne das restliche Öl mit dem Gänsefett erhitzen, die Leber mit kleingehackter

Zwiebel und Kräutern scharf anbraten, mit Salz, Pfeffer würzen, mit Essig beträufeln und bei geringer Hitze gar braten. Mit der Traubensauce anrichten.

Weinempfehlung: Sauternes

*J*akobsmuscheln mit Weißwein

Zutaten: 12 Jacobsmuscheln
Saft von 1 Zitrone
Salz, Pfeffer
1 EL Marsala
4 EL Butter
1 Bund Petersilie
1 Knoblauchzehe
100 g geriebenes altbackenes Weißbrot
4 EL Weißwein

Die Muscheln öffnen und vorbereiten. Die gelbliche Haut entfernen. Zitronensaft, Pfeffer und Marsala mischen, über die Muscheln geben und 1/2 Stunde im Kühlschrank ziehen lassen. Butter erwärmen, gehackte Petersilie und durchgepreßten Knoblauch andünsten. Die Muscheln im geriebenen Brot wenden, zur Petersilienbutter geben und beidseitig kurz braten. Sobald sie goldgelb sind, salzen und den Weißwein dazugießen. Nicht länger als 10 Minuten braten. In Muschelschalen servieren.

Weinempfehlung: Gavi bianco

*P*oularde mit Oliven

Zutaten:
- 1 Poularde
- 40 g Speck
- Petersilie, Schnittlauch
- 4 Anchovisfilet
- 1 EL Kapern
- 20 entsteinte grüne Oliven
- 1 Thymianzweig
- 1 Lorbeerblatt
- 1 EL Mehl
- 2 EL Bouillon
- 2 dl Weißwein
- 1 Orange

Poularde ausnehmen, Herz, Leber und Magen aufheben. Man dressiert das Huhn, umwickelt es mit Speckscheiben und brät es ca. 1 Stunde. Speck entfernen, kleinschneiden und in der Pfanne anbraten. Petersilie, Schnittlauch, Anchovisfilets, Kapern und Oliven kleinhacken, ebenso die Innereien und alles ca. 10 Minuten in der Pfanne anbraten, Lorbeerblatt und Thymianzweig dazugeben, 1 EL Mehl darüberstäuben, anschwitzen lassen, mit der Bouillon und dem Wein ablöschen und kurz schmoren lassen. Die Poularde tranchieren und die Teile in das Ragout legen. Durchziehen lassen und den Saft der Orange hinzufügen.

Wachteln

Zutaten: 4 Wachteln
Salz
Wachtellebern oder 1 Hühnerleber
1 Zweig Salbei
2 Scheiben Pancetta
1 EL Olivenöl
1 EL Butter
1 dl trockener Marsala oder Madeira

Wachteln putzen, waschen und trocknen. Innen mit Salz würzen. Die Leber in 4 Stücke schneiden, jedes Stück mit einem Salbeiblatt in ein Stückchen Pancetta einwickeln und in den Bauch der Wachteln stecken. In einer Kasserolle Öl und Butter und den restlichen Pancetta geben. Die Wachteln dazugeben, mit den restlichen Salbeiblättern bestreuen, zudecken und erhitzen. Wenn es anfängt zu brutzeln, den Deckel wegnehmen und die Wachteln auf allen Seiten gut anbraten, bis sie goldbraun sind. Mit Marsala ablöschen.

Mit Risotto servieren.

Weinempfehlung: Barolo oder Barbera d'Alba

Kalbskoteletts

Zutaten: 20 g getrocknete Steinpilze
2 EL Butter
2 Kalbskoteletts
Salz, Pfeffer
1 TL Olivenöl
1 Schalotte
1 Lorbeerblatt
3 EL trockener Weißwein
4 Scheiben luftgetrockneter Rohschinken

Steinpilze 20 Minuten in lauwarmes Wasser legen. Koteletts in 1 EL Butter kurz auf jeder Seite anbraten, salzen und pfeffern, herausnehmen und etwas abkühlen lassen.

Zwei Stücke Pergamentpapier oder Aluminiumfolie mit Öl bepinseln. Schalotte hacken und mit dem Lorbeerblatt in 1 EL Butter andünsten, Pilze ausdrücken und grob hacken, zur Zwiebel geben und mitdünsten. Folien zusammenfalten, wieder öffnen und auf die eine Hälfte je 1 Scheibe Schinken legen und darauf je 1/4 der Pilzmischung verteilen, je 1 Kotelett darauflegen, restliche Pilzmischung darauf verteilen und Schinkenscheibe darauflegen. Folien zusammenfalten und Ränder sorgfältig zusammendrehen. 15-20 Minuten im vorgeheizten Backofen garen.

Weinempfehlung: Bardolino

Dux: Zeit der Erinnerung

Das böhmische Dorf Dux wird Casanovas Refugium für die letzten dreizehn Jahre seines Lebens. Hier nimmt er 1785 eine Stelle als Bibliothekar bei Graf Waldstein, einem Nachkommen Wallensteins, an. Und hier beginnt er auch, seine Memoiren aufzuzeichnen; die Veröffentlichung der *Histoire de ma vie* erlebt er jedoch nicht mehr.

In seinen letzten Jahren wird Casanova immer wunderlicher, reizbarer und verbittert. Die Zeit des Ancien Régime, die auch die seine war, ist nun vorbei, auch wenn er sich nicht damit abfinden will. Wenn Graf Waldstein, der sich nur selten in seinem Schloß in Dux aufhält, ihm auch einen Diener, eine Equipage und einen Koch zur Verfügung stellt, *der angewiesen war, ihm seine Lieblingsgerichte (Pastetchen mit Makkaroni à la Napolitaine), Spanische Ola Potrida, Neufundländer Kabeljau zu bereiten,* so findet Casanova, wie sein Freund, Fürst Charles de Ligne, berichtet, doch immer Grund zur Klage:

Es verging nicht ein Tag, an dem wegen seines Kaffees, seiner Milch, seiner Makkaroni — auf die er bestand — nicht irgendein Streit im Haus entbrannte. Der Koch hatte ihm mal wieder die Polenta

nicht gemacht, der Stallmeister ihm einen schlechten Kutscher zu-
geteilt ...

Charles de Ligne hat uns auch eine Charakterisierung Casanovas gegeben:

Er liebt, er begehrt alles, und nachdem er alles gehabt hat, weiß er alles zu entbehren. Besonders die Frauen und kleinen Mädchen hat er immer im Kopf; aber er hat sie immer nur noch im Kopf und nicht mehr anderswo. Das ärgert ihn, das bringt ihn in Zorn gegen das schöne Geschlecht, gegen sich selber, gegen den Himmel, gegen die Natur und vor allem gegen das Jahr 1725. Für all diese Leiden rächt er sich an allem Eß- und Trinkbaren; da er nicht mehr ein Gott in den Gärten, nicht mehr ein Satyr in den Wäldern sein kann, so ist er ein Wolf bei Tisch; er verschont nichts, fängt heiter an und hört traurig auf und ist untröstlich, daß er nicht von vorne wieder anfangen kann.

Noch 1797, ein Jahr vor seinem Tode, als Casanova eine Reise nach Dresden plant, notiert er eine Liste der notwendigen Reiseutensilien. Darunter: *Eine Schachtel mit zwei Ananas – eine geschlossene Flasche mit Wein – zwei Fasanen – sechs Rebhühner.*

Wenn er auf seinen letzten Reisen durch Italien auch immer wieder darüber klagte, daß nicht nur sein Verlangen nach erotischen Abenteuern, sondern auch sein Appetit abgenommen habe, so sind es trotz allem die Freuden der Tafel, die ihm auch jetzt noch geblieben sind. Sind sie es doch, die uns bis zuletzt die Treue halten, *um uns über den Verlust der anderen Freuden zu trösten.*

Die Freuden der Liebe gehören nun der Erinnerung an

– aber dennoch: Indem Casanova sie sich ins Gedächtnis
zurückruft, kann er sie ein zweites Mal genießen. Beim
Niederschreiben seiner Abenteuer werden sie noch einmal
lebendig, seine Eroberungen auf dem *Schlachtfeld der
Liebe* – Lucrezia, Teresa, M. M.,
Pauline, Lia, Donna
Emilia …

Verzeichnis der Rezepte

Quellenangaben

Literaturverzeichnis

Casanova ist zitiert aus: Casanova, Giacomo: *Geschichte meines Lebens* (Herausgegeben und kommentiert von Günther Albrecht in Zusammenarbeit mit Barbara Albrecht), 12 Bände © Gustav Kiepenheuer Verlag GmbH, Leipzig 1988 (für revidierte und ergänzte Übersetzung).

Blond, Georges und Germaine: *Der Mensch war schon immer genüsslich. Eine Kulturgeschichte des Essens*, Wien und Hamburg 1965.

Brillat-Savarin, Anthelme: *Physiologie des Geschmacks oder Betrachtungen über transzendentale Gastronomie. Theoretisches, historisches und zeitgenössisches Werk allen Pariser Feinschmeckern gewidmet.* (1825) 2 Bde., München 1913.

Carl, Irina: *Russisch kochen. Gerichte und ihre Geschichte*, St. Gallen 1993.

Döbler, Hannsferdinand: *Kultur- und Sittengeschichte der Welt, Bd. 2: Kochkünste und Tafelfreuden*, München, Gütersloh, Wien 1972.

Gervaso, Roberto: *Giacomo Casanova und seine Zeit*, München 1977.

Hauschild, Reinhard: *Das Buch vom Kochen und Essen. Ein Streifzug durch die Küchen und Kochtöpfe der Weltgeschichte*, Stuttgart 1975.

Hübner, Barbara: *Casanovas Gaumenfreuden. Feinschmeckereien eines Liebhabers*, Weil der Stadt o.J. [1981].

Mennell, Stephen: *Die Kultivierung des Appetits. Die Geschichte des Essens vom Mittelalter bis heute.* Aus dem Englischen von Rainer von Savigny, Frankfurt 1988.

Moulin, Leo: *Augenlust & Tafelfreuden. Essen und Trinken in Europa – Eine Kulturgeschichte*, Steinhagen 1989.

Das allerneueste Pariser Kochbuch, Strasburg 1752.

Sauter, Heinz von: *Der wirkliche Casanova. Eine Biographie*, Stuttgart 1987.

Schivelbusch, Wolfgang: *Das Paradies, der Geschmack und die Vernunft. Eine Geschichte der Genußmittel*, München, Wien 1980.

Schmidt-Pauli, Edgar von (Hrsg.): *Der andere Casanova. Unveröffentlichte Dokumente aus dem Duxer Archiv*, Berlin 1930.

Seifert, Traudl / Sametschek, Ute: *Die Kochkunst in zwei Jahrtausenden. Das große Buch der Kochbücher und Meisterköche. Mit Originalrezepten von der Antike bis 1900*, München o. J.

Wienerisches bewährtes Kochbuch in sechs Absätzen, hrsg. von Barbara Hikmann, 30. Aufl., Wien 1812.

Winnington, Ursula: *Aphrodites Gaben. Von natürlichen und zauberischen Mitteln, die Liebe zu entfachen und zum Beischlaf zu beflügeln*, Berlin 1991.

Abbildungsnachweis

2 Jean Michel Moreau d. J. (1741–1814) *Le Souper fin*. Radierung, koloriert, von Helman nach Moreau, um 1780

21 Sigmund Freudenberger (1745–1801) *Le coucher*. Kupferstich von Duclos und Bosse nach einer Zeichnung von Freudenberger, 1774

27 Illustration von Julius Nisle zu Giacomo Casanovas Memoiren *Bellino* (2. Teil, Kapitel 1). Lithographie, koloriert, um 1850

41 Sigmund Freudenberger (1745–1801) *Le bain*. Kupferstich nach einer Zeichnung von Freudenberger, 1774

51 François Boucher (1703–1770) *La Courtisane amoureuse*. Kupferstich von Larmessin, um 1760

57 Nicolas Lancret (1690–1745) *Galantes Souper in einem Petit Maison*. Kupferstich, um 1760

63 Jean-Honoré Fragonard (1732–1806) *Die Schaukel*. Kupferstich, koloriert, von Nicholas de Launay, 1767

69 Jean-Honoré Fragonard (1732–1806) *Der Türriegel*. Farbstich von M. Blot

75 Illustration von Julius Nisle zu Giacomo Casanova Memoiren *Marie M.* (4. Teil, Kapitel 13). Lithographie, koloriert, um 1850

83 Nicholas Lafreuseu d. J. (1737–1807) *L'heureux moment*. Stich von Nicholas de Launay

93 Sigmund Freudenberger (1745–1801) *Les confidences*. Kupferstich von Charles Louis Lingee nach einer Zeichnung von Freudenberger, 1774

103 Illustration von Julius Nisle zu Giacomo Casanovas Memoiren *Lucie* (5. Teil, Kapitel 6). Lithographie, koloriert, um 1850

107 Illustration von Julius Nisle zu Giacomo Casanovas Memoiren *Christine* (2. Teil, Kapitel 9). Lithographie, koloriert, um 1850

115 William Hogarth (1697–1764) *Die Orgie*. Blatt III der Folge *Der Werdegang eines Wüstlings*, Kupferstich, 1735

121 Illustration von Julius Nisle zu Giacomo Casanovas Memoiren *Cecilie* (2. Teil, Kapitel 1). Lithographie, koloriert, um 1850

133 Jean Baptiste Pater (1695–1736) *Die Geflügelpyramide*. Kupferstich von Lepicie, 1733

137 Sigmund Freudenberger (1745–1801) *L'événement au bal*. Kupferstich von Duclos und Ingouf nach einer Zeichnung von Freudenberger, 1774

151 Sigmund Freudenberger (1745–1801) *Le boudoir*. Kupferstich von Pierre Maleuvre nach einer Zeichnung von Freudenberger, 1774

155 Louis Leopold Boilly (1761–1845) *Vergleich der kleinen Füße*. Farbstich von Alexandre Chaponnier, um 1790

161 Sigmund Freudenberger (1745–1801) *Le lever*. Kupferstich von Antoine Louis Romanet nach einer Zeichnung von Freudenberger, 1774

Die Abbildung auf Seite 83 stammt aus dem Kupferstichkabinett Dresden, alle anderen Abbildungen vom Archiv für Kunst und Geschichte Berlin.